ea 中國人的故事

詩人和小說家的才華

張倩儀　主編

馮珍今　著

新雅文化事業有限公司

www.sunya.com.hk

我們想做一套有新精神的中國人故事書。

古往今來，人人喜歡聽故事、讀故事。尤其情節細膩曲折的，最能吸引，因為人天生就有好奇心。如果故事還值得細細咀嚼，反覆玩味，那麼故事的價值就會成為讀者生命的一部分。

中國人愛說故事。中國的故事經久綿長，因為這些故事植根在古老的土地上。古老的中國也有新鮮的故事，因為中國人還在這大地上生息，新故事源源不絕。中國故事的風格跟中國人一樣，直率、簡潔，充滿樂天知命、奮鬥努力的精神，有時奇幻，但總帶有人性的光輝。

少年讀者需要知道自己的文化根源，又有這年紀自有的好奇和興趣。我們按着少年讀者的認識和性情，挑選動人的中國人物故事，分門別類，點出其中歷久常新的精神，做成一套有人、有事、有主題的中國人故事書。主角不限於古，還及於今；故事是中國人的，視野卻隨着今天的世界擴展。

我們的目標是淺白而能深入，有趣味而講究根源。我相信為我們的孩子，值得花費精神去做這樣的故事書。

張倩儀

目錄

愛國詩人屈原 **7**

  初露才華　讒而見疏 8

  初次流放　創作《離騷》 11

  二次流放　自沉汨羅 14

田園詩人陶淵明 **23**

  早年生活 24

  遊宦生涯 25

  歸隱田園 28

天才橫溢的李白 **37**

  少年壯志 38

  辭親遠遊 41

  供奉翰林 45

  李杜情誼 48

  戰亂生活 50

  與世長辭 51

悲天憫人的杜甫 **55**

  讀書時期 56

  漫遊歲月 58

  定居長安 59

  顛沛流離 61

  西南漂泊 64

多才多藝的蘇軾 71

少年得志　名重一時 72

反對新法　謫守密州 76

烏台詩案　被貶黃州 78

築建蘇堤　流落儋州 83

才華超卓的李清照 87

秉承家學　才華過人 88

志同道合　琴瑟和絃 90

顛沛流離　飄泊淒苦 94

文學奇才曹雪芹 101

出身豪門貴公子 102

家道中落酒常賒 104

十年辛苦不尋常 108

文學戰將魯迅 115

少年時代　從小康到困頓 116

赴日求學　棄醫從文 118

回到中國　從沉默到吶喊 120

上海十年　傾力創作 124

愛國詩人屈原

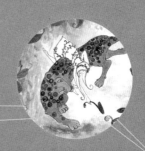

　　屈原（約公元前340年－公元前278年）——戰國
時期楚國的愛國詩人，他的作品富有獨創性，亦具浪
漫的想像，對後世詩歌的發展有極深遠的影響。

中國文學的發展源遠流長，曾出現過許多著名的詩人和小說家。戰國時期的屈原，他的創作，標誌着中國進入文人詩歌的新時代。他開創了「楚辭」這種文體，亦大大地豐富了詩歌的表現力，為中國古代詩歌的創作開闢了一片新天地。

初露才華 讒而見疏

屈原名平，字原，是楚國的貴族。他出生於楚國丹陽（今湖北省秭歸縣），自幼嗜書成癖，讀書多而雜。屈原雖出身貴族，但自幼生活在民眾之中，加上良好的家庭教育，因而十分同情貧窮的百姓，他做了許多體恤民情的好事，贏得了眾口一詞的讚譽。

屈原很有學問，也很有才華，二十多歲就做了楚懷王的左徒，常與懷王商議國事，參與法律的制定，同時主持外交事務。懷王很信任他，還讓他草擬法令，又讓他出使齊國，聯齊抗秦，是兼管內政外交的重要官員。

在屈原努力下，楚國的國力有所增強，但他的

改革精神和措施，卻招來了楚國貴族大臣的反對和嫉妒。反對者包括懷王的寵妃鄭袖、兒子子蘭和上官大夫靳尚等人。上官大夫等人出於妒忌，趁屈原為楚懷王擬訂憲令之時，在懷王面前誣陷屈原，懷王於是逐漸疏遠屈原。

屈原被罷免左徒官位，轉任三閭大夫，掌管王族昭、屈、景三姓事務，負責宗廟祭祀和貴族子弟的教育。

屈原一生，創作豐富，他寫了《九歌》、《天問》、《離騷》、《九章》等作品，創立了楚辭這種新的詩歌形式。《九歌》是他早期的作品，原為神話傳說中一種遠古歌曲的名稱，由屈原改寫、加工而成，主要供祭祀之用。屈原根據祭祀神靈不同，共寫了十一篇。由於當時迷信的風氣十分盛行，在作品中可以看到濃厚的民俗氣息，以及瑰麗離奇的神話元素。

如《九歌》的第九首是《山鬼》，內容敍述一位多情的山鬼，在山中採靈芝及約會她的戀人，極富浪漫色彩。例如詩歌的首段，描寫山鬼「若有人兮

山之阿，被薜荔兮帶女蘿；既含睇兮又宜笑，子
慕予兮善窈窕；乘赤豹兮從文狸，辛夷車兮結桂
旗」便充滿誇張浪漫的想像。

初次流放 創作《離騷》

　　為了打破楚、齊聯盟，楚懷王十六年，張儀由秦至楚，以重金賄賂靳尚、子南、鄭袖等人充當內奸，又欺騙楚懷王說：「楚國如果能和齊國絕交，秦國願意獻出商、於一帶六百多里土地。」

　　屈原極力勸諫，但是楚懷王不聽，就把相印授予張儀，封張儀為相；還與齊國斷絕外交關係；還派人跟張儀去秦國接受土地。張儀回秦國後裝病，三個月不見楚使。懷王還以為是張儀怪他絕齊不夠堅決，又派人去辱罵齊王一通。齊王大怒，斷絕了和楚的合縱，反而和秦國聯合起來了。

　　其後張儀露出本來面目，對楚國的使者說：「你為什麼不接受土地呢？從這裏到那裏，長寬六里。」

　　楚國使者說：「我奉楚王的命令，是來接收六百里之地，不曾聽說過六里。」

　　使者回報楚國，懷王知道受騙後，便惱羞成怒，兩度向秦國出兵，但全遭慘敗，還被佔去漢中大片土地。懷王醒悟後，於是復用屈原，派他出使齊國，期

望與齊重修舊好。

秦兩次大敗楚軍之後，也恐怕齊、楚復交，於是主動提出退還一半漢中之地以求和。楚懷王恨透了張儀，提出不要漢中地，只要張儀的人頭。

張儀聽到這個消息，卻蠻有信心地說：「我張儀一個人，就能抵得上漢中的土地，臣願意到楚國去。」

張儀到楚後，賄賂了鄭袖、靳尚之流，在楚懷王面前花言巧語，糊塗透頂的懷王居然又放走張儀，還和秦王結下了姻親關係。等到屈原出使齊國回來，向懷王說明利害關係後，懷王想追回張儀，張儀早已走得無影無蹤了。楚國對齊國又一次大失信用。

其後，楚國去秦國迎親；接着，懷王與秦王於黃棘（今河南新野縣東北）會面，還接受了秦退還的上庸之地（今湖北竹山縣）。當時屈原雖然竭力反對，結果不但無效，反而被趕出國都，被流放到漢北地區（今安康一帶及漢水上游地區）。

屈原開始踏上了流放之路，寫下了《離騷》這首傳世之作。《離騷》是一首長篇抒情詩，共

三百七十二句。「離騷」的「離」是遭遇的意思，「騷」是憂愁，「離騷」就是「遇到憂愁之事」。《離騷》塑造了一個出身高貴、人格高潔的人物形象，其實他正是屈原的自我寫照。他是「帝高陽之苗裔」，而高陽是中華民族的共同祖先「黃帝」的孫子，可見他出身高貴。

他「朝飲木蘭之墜露兮，夕餐秋菊之落英」，早上喝的是木蘭上掉下來的露水；傍晚吃的是秋菊的落花，木蘭、秋菊是高潔的象徵，但他所處的卻是一個黑暗的時代，那些結黨營私之徒，苟且偷安、耽於逸樂，令國家的前途走上暗淡艱險之路。

藉着篇中的詩句「長太息以掩涕兮，哀民生之多艱」，屈原表達了對楚國國勢危艱、民生困難的深切的關懷。

他憂國憂民，「屈心而抑志兮，忍尤而攘詬」，縱使受到眾人排擠，仍執意而

行；為了心中美好的理想，縱使死掉九回，也無怨無悔——「亦余心之所善兮，雖九死其猶未悔」。在流浪途中，占卜者勸他離開祖國，但他是楚國貴族，捨不得離開。

在詩中，屈原通過大量優美的神話和神奇的想像，反覆表述自己的心跡，「路漫漫其修遠兮，吾將上下而求索」，在追尋真理方面，前方的道路還很漫長，但他仍然堅持下去，不斷追求和探索，絕不放棄，寧死也不會改變自己的人格。

《離騷》文字華麗，想像奇特，比喻新奇，充滿愛國情懷，是屈原最重要的作品。

二次流放 自沉汨羅

其後，齊、韓、魏三國合力攻楚，楚懷王竟向秦國求救，還把太子送到秦作為人質。到第二年，楚太子殺了秦大夫逃回楚國。秦國便以此為藉口，聯合齊、韓、魏攻楚，佔領了重丘（今河南泌陽縣東北）。第二年又再度攻楚，消滅楚軍二萬人。這時，

昏庸的懷王才想起齊楚聯盟的重要，於是又把太子送往齊國作人質，期望齊國能答應與楚聯盟反秦。

　　齊楚聯盟還未能成功，秦國又派兵前來攻打楚國。秦軍勢如破竹，一下子就攻佔了楚國八座城池。懷王嚇得不知該怎麼辦。就在這時，秦國派人來議和。

　　秦國的使者說：「大王說，我們現在停戰，邀請您到武關來作客，讓我們好好談談吧！」楚懷王聽了很高興。

　　這時，屈原已從漢北的流放地返回郢都。他知道之後，覺得這可能是秦國的陰謀，想把楚懷王騙過去，便趕緊進宮，對楚懷王說：

　　「秦是虎狼之國，極有侵略的野心，您不能相信他們，千萬不能去秦國啊！」

　　可是，楚懷王已被秦國使者的話迷住了，他的幼子子蘭又極力慫恿他前去。結果，他按照約定去了秦國，但一到秦國之後，就被囚禁起來。懷王後悔得不得了，心裏又氣又恨，不久便病倒了，三年後，就在秦國去世。

懷王被扣留後，頃襄王接任，子蘭任「令尹」(宰相)，楚秦邦交一度斷絕。頃襄王在位第七年，竟然與秦結為姻親，以求取暫時的安寧。

屈原極力反對他們的做法，並指出子蘭對懷王之死，需負上責任。子蘭於是指使上官大夫等人，在頃襄王面前造謠，一再詆毀屈原，使屈原再次被流放到南方一帶荒僻的地區。

屈原抱着救國救民的理想，反而給人排擠，而且被放逐出去。到了這時候，他氣得幾乎瘋了，不想吃，也不想喝，弄得面容憔悴，身子也瘦弱不堪。他憋着一肚子的憂憤無處發洩，他在洞庭湖邊、汨羅江邊，邊走邊唱，吟誦着悲傷的詩歌。

屈原有個姐姐叫屈須。她聽說弟弟的遭遇，老遠跑去看他。她找到了屈原，見他披頭散髮、臉龐又黃又瘦，不由掉下眼淚來，說：「弟弟，你何必這樣呢？楚國的人哪個不知道你是忠臣呢？大王不聽你的話，那是他的不對。你已經盡心了，悲傷又有什麼用呢？」

屈原說：「我傷心的不是我自己的遭遇。楚國弄

到這個樣兒，我的心像被刀子割一樣痛哩！」

屈須說：「可是君王不肯聽你的話，反對你的人又有勢力，你孤單一人，怎能和他們鬥呢？唉！你的脾氣太耿直了，我一直都擔心你會吃虧，如今弄成這個樣子，叫我怎能放心啊！」

屈原說：「我知道忠心耿耿會為我招來不幸。可是，我怎能夠睜眼看着國家陷入危險而不管呢！只要能救楚國，就是叫我死一萬次我也願意。如今把我放逐到荒山野地，我痛苦得快要瘋了。我實在不想活了！」

屈須搖搖頭，說：「別傻了！要是你一死，國家就能夠好起來，那我也願意跟你一塊死。可是你這樣糟蹋自己，對國家不但沒有什麼幫助，反而還會影響別人，也這樣消沉下去，萬一消沉自殺成了風氣，你不是成了罪人嗎？你不能救國，就應當救人；不能救人，至少應當救你自己。唉！你怎能把父母留給你的身體隨便糟蹋呢？」

屈原歎了口氣，說：「那麼，我該怎辦？」

屈須說：「你做官的時候，自然應當盡心盡力地

為朝廷盡力。如今你已被革去了官職，那麼，就應好好地當個老百姓。將來大王也許會明白，那時候你還可以為國家盡力啊。」

屈原接受了姐姐勸告，和百姓生活在一起。他看到他們辛辛苦苦種地，還是經常挨餓受凍，生病沒錢醫，死了沒錢葬，遇到天災人禍，就弄得妻離子散，家破人亡。

面對種種悲慘的景象，更加深了屈原的痛苦，他一直喜歡寫詩，這陣子寫得更多，例如《涉江》就是其中一首不朽的名篇。

《涉江》寫他由湖北流放到至湖南所經過的地方，「朝發枉渚兮，夕宿辰陽……」；「入溆浦餘儃佪兮，迷不知吾所如……」。他先由鄂渚出發，經過洞庭、沅水、枉陼、辰陽而到達溆浦。由於路程遙遠又多轉折，加上受到君主的不信任，在詩中可以看到這次的流放，對屈原的身心都帶來極大的折磨。

這時候，他交上了一個漁父朋友。一天，漁父跟屈原說：「您不是楚國的三閭大夫嗎？怎麼會弄到這個田地？」

屈原一聽，就説：「全天下都是渾濁的，只有我是清白的。大家都喝醉了，只有我還清醒，因此我被放逐到這裏來了。」

漁父説：「您既然知道天下都是渾濁的，就不該自鳴清高；大家喝醉了，您為什麼不多喝幾盅呢？難怪您跟別人不能混在一起了。您既然抱着救世救民的熱誠，就得和小人在一起，逐步把他們轉化過來。」

屈原説：「我已洗了澡，想叫我再跳到污泥裏去嗎？我可可辦不到！」

漁父説：「既然辦不到，那麼，就跟我學吧。我打我的漁，您寫您的詩。幹麼自尋煩惱呢？」

屈原聽了漁父的一番話，覺得很有道理。然而，時間長了，他眼看掌權的人越來越腐敗，國家一天一天的衰落下去，自己偏偏得不到救國救民的機會。他痛苦到了極點，只能寫作詩歌來發洩悲哀，陳述自己對國家大事的看法。

那時，屈原寫了一篇《哀郢》。《哀郢》是屈原和郢都訣別的一支哀歌。詩篇從描述百姓逃難開始，寫到自己雜在難民中，「出國門」而乘舟南下。

路上真是一步三回首，由始至終，屈原的眼睛彷彿沒有離開郢都，他寫出了自己對郢都的哀戀，對人民的同情，對楚國前途的憂慮，對昏君與羣小誤國的憤慨，以及個人身遭流放的痛苦，最後以「鳥飛反故鄉兮，狐死必首丘。信非吾罪而棄逐兮，何日夜而忘之」作結，強烈地表示出他甘願死於故鄉，以及傷悼故國的深厚感情。寫來憂鬱哀苦，情真意切，感人至深。

公元前278年，秦國派大將白起去攻打楚國，佔領了楚國的國都。屈原聽到這個消息，傷心得放聲大哭。

就在這一年，屈原寫下《懷沙》，這作品可說是他臨終前的絕命詞。作品敍述他從西南的漵浦，走到東北的汨羅，表現出極為沉痛的感情。

屈原已經是六十二歲的老人了，知道楚國已經沒有希望了，他不願意眼睜睜看着楚國被毀，人民落在敵人手裏，就在農曆五月初五那一天，他來到汨羅江邊，抱起一塊大石頭，仰天長歎一聲，就跳進了汨羅江。

在江上打魚的漁夫和住在附近的百姓，聽到屈原

投江的消息後，都很感到難過。他們紛紛撐着小船，一邊呼喊，一邊在水裏打撈，想找回屈原。漁夫還把竹筒裏的米飯、雞蛋等食物扔進江中。

他們對江裏的魚說：「魚啊，魚啊，你們吃這個吧，千萬不要傷害屈大夫的身體呀！」

有些百姓甚至擔心，江裏如果有蛟龍，會傷害屈原的身體。於是，大家抬來一罈罈的雄黃酒，倒入江中，想用雄黃酒把牠們迷倒。

最終，大家沒有找到屈原，他們流着熱淚，注視着滾滾而去的江水……

後來，人們將每年的五月初五定為「端午節」，有龍舟競渡、吃糭子、喝雄黃酒的風俗，紀念這位偉大的愛國詩人。

田園詩人陶淵明

　　陶淵明（約公元365年－427年）──東晉文學家，作品多描寫優美的農村風光、恬靜的田園生活，有「田園詩人」之稱。

魏晉南北朝時期，五言詩大為流行。陶淵明生於東晉亂世，他寫的田園詩數量極多，成就最高，是田園詩派創始人。他的詩歌，風格清新自然、情感真摯，語言樸素、含蓄簡練，為古典詩歌開闢了新的境界，對唐代及後世詩歌的創作影響極大。

早年生活

陶淵明，東晉亡後改名為潛，潯陽柴桑（今江西九江西南）人。他的曾祖父是東晉著名的大將軍陶侃，祖父做過太守，外祖父是當時的名士孟嘉。最初家庭環境還不算太差，八歲時父親去世，家境才逐漸沒落。

儘管生活貧困，陶淵明自小還是受到了很好的家庭教育，他勤於學習，自幼修習儒家經典，讀遍諸子百家羣書，養成了沉默寡言、不慕名利的性格。正如他在《飲酒（其十六）》中自述：「少年罕人事，遊好在六經」。

他受過儒家教育，也受到道家思想的薰陶，從小

就喜歡自然，「少無適俗韻，性本愛丘山」，又愛學琴、好讀書——「少學琴書，偶愛閒靜，開卷有得，便欣然忘食。」在他的身上，既有儒家，亦有道家的影子。

遊宦生涯

二十歲時，陶淵明開始了他的遊宦生涯。在《飲酒》中，他憶述了當時的感受：「在昔曾遠遊，直至東海隅。道路迴且長，風波阻中途。此行誰使然？似為飢所驅。」坦率地道出了自己受生活所迫，為了生計才出任低級的官吏。

不久，他就辭了職。直到二十九歲時，陶淵明才謀得江州祭酒一職，卻因忍受不了官場的繁文縟節，結果還是辭官歸家。

在家閒居了五、六年，到三十五歲時，他前往荊州，在刺史桓玄屬下當一名小吏。有一次，他奉命出使到首都南京去，回家時，在規林被大風所阻，《庚子歲五月從都還阻風規林》即寫於此時，詩中以「行

行循歸路,計日望舊居」描寫歸心似箭的心情,表達了他對歸家的渴望,以及對園林舊居的懷念。

不到一年,他又因母親去世,回到潯陽的老家,守喪三年期滿後,陶淵明又出來做官,出任鎮軍將軍劉裕參軍。事實上,他的心情極為矛盾,一方面想有所作為,發展自己的抱負和理想,但出來做官後,卻仍然眷戀田園,如《始作鎮軍參軍經曲阿作》詩中所述:「目倦川途異,心念山澤居」。

其後,陶淵明當上了建威將軍劉敬宣參軍,經錢溪出使首都時,寫下《乙巳歲三月為建威參軍使都經錢溪》一詩,吐露出自己的心聲:「園田日夢想,安得久離析」。多年來,他一直在做官與歸隱之間來回往返,躊躇不定。其實,對於官場生活,他早已厭倦透了。

畢竟是將門之後,他四十一歲那年,陶淵明又被推薦到彭澤(今江西九江東北)當縣令。

一天,陶淵明收到一個消息,那就是權臣劉裕,已封自己為車騎將軍,總督各州軍事,看來快要奪取皇位,朝廷已名存實亡了,陶淵明感到十分灰心,便

離開衙門回家去。他的妻子翟氏端上酒菜，可是淵明卻不動筷，依舊坐在那裏歎氣。過了一會，陶淵明突然説：「我想辭職回家鄉去！」

妻子聽到，知道他又受氣了，因為提出辭職一事，陶淵明不知説過多少遍了。早一陣子，陶淵明已想辭職，翟氏提醒他，説：「上百畝官田就要種稻了，不如待收成後，再辭職吧。」陶淵明聽了妻子的話，口氣才緩了下來，不再嚷着要辭職。

這次翟氏再用官田收稻之事來勸他，陶淵明聽了以後，歎了一口氣，説：「唉，沒辦法，難道我真的要做糧食的奴隸！」在翟氏體貼的安慰開解下，陶淵明才勉強舉起酒杯。

然而，政局動盪，官場黑暗，陶淵明辭官的念頭始終沒有打消過。直到有一天，衙役來報告：「潯陽郡派遣的督郵要到彭澤來視察。」這個督郵，是個粗鄙無知、依仗權勢、阿諛奉承的小人。

縣吏對陶淵明説：「大人，參見督郵要穿官服，並且束上大帶，不然有失體統，要是督郵乘機大做文章，那對大人是極為不利的！」

陶淵明心裏想：「我怎能為了這五斗米的官俸，去向這種卑鄙小人彎腰行禮呢？」

於是，陶淵明便離開衙門，板着臉回到了家，向妻子說：「我受夠了，快收拾行裝，我們回鄉吧！」翟氏告訴他，稻穀只差幾天就要收割了。

「隨它去吧！」這一次，陶淵明已經下定決心，一定要辭職了。翟氏問清楚原因之後，也就不再勸他，默默地去收拾行裝。

於是，陶淵明乘船離開了彭澤。他出任彭澤令，只有八十多天，十三年的當官生涯終於結束。

歸隱田園

回到家鄉後，陶淵明過着怡然自得的隱居生活。對於官場，他絲毫沒有眷戀之情，辭官後，反而有一種重獲自由的感覺。

陶淵明歸隱田園後的二十多年，他在家鄉種田，生活極苦，偶然得到朋友的接濟，可以飲酒、寫詩，但還是有挨餓，甚至乞食的時候。

《歸去來辭》寫於辭官之初，可說是一篇脫離仕途、回歸田園的宣言。在《歸去來辭》的開首：「歸去來兮，田園將蕪胡不歸！既自以心為形役，奚惆悵而獨悲？悟已往之不諫，知來者之可追。實迷途其未遠，覺今是而昨非。舟遙遙以輕颺，風飄飄而吹衣。」陶淵明道出了決心歸隱的原因，他直言以往的錯誤已經無法改正，但未來的事情卻可以補救，認為自己迷途並不太遠，也明白到今天的想法正確，而以往的做法不對。船在飄盪着，輕快地前進，微風輕拂，吹動着衣衫，他帶着輕快的心情，乘着船，向着家鄉邁進。　陶淵明在這篇辭賦中，敍述了他辭官歸隱、回歸田園後的生活情趣和內心感受，

作品通過具體景物和活動的描寫，塑造出一種寧靜恬適的意境，寄託了他的生活理想。

在陶淵明創作的詩歌中，亦大多反映他歸隱後的生活，《讀山海經》是陶淵明所寫的組詩，共有十三首。其中第一首，寫得極為出色：

孟夏草木長，繞屋樹扶疏。

眾鳥欣有托，吾亦愛吾廬。

既耕亦已種，時還讀我書。

窮巷隔深轍，頗回故人車。

歡言酌春酒，摘我園中蔬。

微雨從東來，好風與之俱。

泛覽《周王傳》，流觀《山海》圖。

俯仰終宇宙，不樂復何如？

這首詩貌似信手拈來，其實寓意深遠，可說是一首生命的讚歌。在詩中，陶淵明寫出初夏草木茂盛，耕作之餘，可悠閒讀書，居住在幽深僻遠的村巷，與外界不相往來，獨自酌酒而飲，採摘園中蔬菜而食，悠然自得其樂。

至於《歸園田居》五首，陶淵明分別從辭官場、

聚親朋、樂農事、訪故舊、歡夜飲幾個層面，描繪了豐富而充實的隱居生活，貫穿其中的，是樂在其中的歡愉之情，全詩顯露出達觀明朗的色彩，是陶淵明傳世之作。大家比較熟識的是第一首：

> 少年適俗韻，性本愛丘山，
> 誤落塵網中，一去三十年。
> 羈鳥戀舊林，池魚思故淵。
> 開荒南野際，守拙歸園田。
> 方宅十餘畝，草屋八九間。
> 榆柳蔭後簷，桃李羅堂前，
> 曖曖遠人村，依依墟里煙。
> 狗吠深巷中，雞鳴桑樹巔。
> 戶庭無塵雜，虛室有餘閒。
> 久在樊籠裏，復得返自然。

陶淵明透過白描，具體呈現了一幅農村畫卷——榆柳桃李，遠村炊煙，雞鳴狗吠，恬靜美好的生活，令人彷彿置身於世外桃源。同時，這首詩也反映了他對田園的喜愛和依戀之情，純淨平和的心境與簡樸恬靜的田園風光，交融合一，令人回味無窮。

陶淵明辭官隱退後，經常喝酒，他酒醉後常詩興大發，抒寫感慨，第二天清醒後再修改潤色，共得二十首詩，陶淵明把這一組詩題為《飲酒》。這組五言古詩，既反映了陶淵明高潔的道德情操，亦表現了他安貧樂道的生活態度。《飲酒》（其五）便是個中代表作：

　　結廬在人境，而無車馬喧。
　　問君何能爾？心遠地自偏。
　　採菊東籬下，悠然見南山。
　　山氣日夕佳，飛鳥相與還。
　　此中有真意，欲辨已忘言。

　　詩中描畫農村寧靜平和的生活和自然的景色，有如仙境般優美，令人悠然神往。

　　好景不常，就在陶淵明四十一歲那年，寧靜的鄉居生活遭祝融（火神）破壞，他寫下《戊申歲六月中遇火》一詩，道出家中火災，宅院盡毀，他被迫遷居的苦況：「草廬寄窮巷，甘以辭華軒。正夏長風急，林室頓燒燔。……」在詩中，他回想自己半生的經歷，認為既然身處污濁的社會，不能兼濟天下，

有所作為，又不願與世俗同流合污，就只好獨善其身，拋棄功名富貴，過着隱居生活。

《五柳先生傳》亦是陶淵明代表作之一，屬自傳式散文。在文中，陶淵明虛構出五柳先生這個人物，實際上是作者的自我寫照：

先生不知何許人也，亦不詳其姓字。宅邊有五柳樹，因以為號焉。閒靜少言，不慕榮利。好讀書，不求甚解；每有會意，便欣然忘食。性嗜酒，家貧不能常得。……造飲輒盡，期在必醉……。環堵蕭然，不蔽風日，短褐穿結，簞瓢屢空，晏如也。常著文章自娛，頗示己志。忘懷得失，以此自終。

陶淵明在文中，藉着五柳先生塑造了一個真實的自我——不慕榮利、愛好讀書、飲酒必醉、作文自娛，雖然窮到家徒四壁，三餐不繼，衣服破爛不堪，但他從不把得失放在心上，安於恬淡生活，不以清貧為苦，終其一生。

王弘為江州刺史時，與陶淵明結成好友。據說，當時流傳一首詩，似為王弘所作，寫出了陶淵明嗜酒

如命的一面：

　　陶醉東籬問五柳，潛藏南山棄五鬥。

　　淵深千尺何足用，明晨只盼一池酒。

　　王弘很欣賞陶淵明，兩人感情很好，關係密切。話説陶淵明的鞋子已非常破舊，又沒錢買新鞋，王弘想給他做雙新鞋，其手下就問：「鞋子應做多大？」當時，陶淵明正在王弘家中，他熟不拘禮，把腳一伸，説：「量一量不就成了嗎？」就讓人家抱着他的腳量度尺寸。

　　陶淵明雖然愛喝酒，但卻經常缺錢。有一次，他已多天沒酒喝，正在東邊的籬笆下徘徊之際，眼前閃過一襲白衣，一個提着酒葫蘆的人遠遠走來，他心中一陣大喜。還沒看清來者是誰，便料定那人一定是王弘，給他送酒來了。結果一如陶淵明所料，那人正是王弘，他登門拜訪，也不忘為老朋友帶上一葫蘆的好酒。

　　年輕時的陶淵明，本有「大濟蒼生」之志，為國效力。可是，他生活的時代，朝政極端腐敗，對外只懂使用投降政策，偏安於長江以東之地。陶淵明雖然

已辭官歸隱，仍關心國家政事。五十多歲時，劉裕廢晉恭帝，他感到非常憤怒。他無法改變這個現實，只好借助創作來抒寫個人鬱悶的情懷，《桃花源記》就是這樣寫成的。

他通過虛構的手法，把桃花源描繪成一個「夾岸數百步，中無雜樹，芳草鮮美，落英繽紛」環境優美、引人入勝的地方，此處男女老幼，辛勤耕織，過着安寧和樂、自由平等的生活。陶淵明藉此寄託他對美好世界的嚮往，以及對當時混亂時世的不滿。

顏延之是陶淵明的老朋友，他擔任始安太守時，眼見淵明生活困難，便以兩萬錢相贈。陶淵明卻把這筆錢直接交到酒家的櫃面，想喝就來取酒。朋友來了，不分貧富貴賤，他必定以酒食招待，通常是客人還沒醉，他自己卻先醉了。每逢這時候，他就會說：「我已經喝醉了，要先睡一會兒，今天你就先回去吧。」

陶淵明六十二歲時，他已體弱多病，經常飢寒交迫，又遇上災年，不得不向人求乞。根據乞食的真實經歷，他寫下《乞食》一詩：

飢來驅我去，不知竟何之。

行行至斯里，叩門拙言辭。

主人解余意，遺贈豈虛來。

談諧終日夕，觴至輒傾杯。

情欣新知歡，言詠遂賦詩。

感子漂母惠，愧我非韓才。

銜戢知何謝，冥報以相貽。

此詩記敍了詩人因飢餓而出門借貸，並得友人遺贈、留飲的情景，最後道出了感激之情。全詩語言平淡、樸實無華，是陶淵明晚年貧困生活的寫照，也反映了他樸拙真率的個性，寫來極為真實，亦非常感人。

縱使生活迫人，陶淵明最討厭人家請他出來做官。名將檀道濟曾慕名前來拜訪陶淵明，當時，他正在家中的作坊裏造酒，剛好到了濾酒階段。聽到有客人來訪，便把濾酒的葛巾往頭上一包，就出來了。檀道濟是來請陶淵明做官的，陶淵明卻一口拒絕了他，連所贈的粱肉也沒有收下，還請他把攜來的美食全都帶走。

過了不久，陶淵明就在潯陽的老家去世。

天才橫溢的李白

李白（公元701年－762年）——唐代詩人，他的詩歌以抒情為主，取材廣闊，想像豐富，詩風豪邁奔放，清新飄逸，有「詩仙」之稱。

唐代以詩和小說著稱，詩尤其盛極一時。詩歌發展至唐代，可謂各體俱備*。詩歌發展至頂峯，該算是李白、杜甫之時。李白是繼屈原之後，中國最為傑出的浪漫詩人，他創作的詩歌，無論在內容或形式上，都有個人的獨特風貌，為唐代詩歌的創作，帶來新的發展，對後世詩人有極深遠的影響。

少年壯志

　　一千三百多年前，李白誕生在西域絲綢之路上「碎葉城」內，出生於一個富商之家。之前，母親做了一個夢，夢見太白金星飛向自己，於是就叫他做李白。

　　一歲時，家人給李白「抓周」，結果他拿起了《詩經》。父親看在眼裏，心想：「莫非這個孩兒，將來會在詩壇上出人頭地？」

---

* 在中國詩歌發展史上，唐詩是一座高峯，具有鮮明的時代特徵。從漢到魏晉南北朝發展出來的古體詩，有不固定字數的，亦有五言、六言或七言的，但句數不限。隋唐除了承襲了古體詩的體裁，亦同時發展出對結構更為工整的近體詩，如四句的絕句和八句的律詩，對押韻、平仄等格律有更嚴格的要求。

他五歲時，碎葉城局勢動盪，父親決定全家遷回西蜀，在青蓮鄉定居下來。生活安定下來後，父親送他往私塾讀書。在眾多書籍中，李白最喜歡的就是《詩經》。十歲時，他已經讀了許多書，而且過目不忘。老師很喜歡他，令他感到驕傲自滿，而且有點疏懶。如果老師不在，他有時還會離開私塾，偷偷跑出去玩。

有一天，李白和幾個同學來到一條小河邊。河邊的大樹下，有一位老婆婆正在石頭上，使勁地磨一根鐵杵。李白走上前去，好奇地問：

「老婆婆，你在做什麼呀？」

老婆婆笑着說：「我要把鐵杵磨成一根針。」

李白大吃一驚，說：「這麼粗的鐵杵，怎能磨成針呢？」

老婆婆說：「只要功夫深，鐵杵磨成針。」

李白大為感動，他將這句話寫下來，貼在書桌前，作為自己的座右銘。從此，他更加用功，學習更為認真。

父親很重視李白的學業。有一天，父親把他叫到書房，對他說：「你想不想將來成為了不起的人？」

李白認真地點點頭，說：「想！」

父親拿出一冊書，對李白說：「這是漢代文學家司馬相如的辭賦，如果你能好好地學習，將來也會跟他一樣，成為有才華的人。父親教你辭賦好不好？」

「好！」李白響亮地回答。

李白學得很快，他心裏一直惦記着，將來要做一個著名的文學家！

就在十歲那年，李白動筆寫出了自己的第一篇辭賦，他興高采烈地拿去給父親看。可是，父親看了，卻搖搖頭說：「寫得不好。」

李白有點氣餒，父親笑着說：「我對你有信心，我等着你下一篇作品。我相信，你一定會寫得比這一篇出色。」

李白把作品扔到火盆裏燒了，又開始重新構思。他一連寫了好幾篇，直到第四遍，才寫得比較滿意。他拿給父親看，父親看得連連點頭，滿意地說：「好，好！」

李白受到了父親的鼓勵，從此更努力寫作。

辭親遠遊

李白十五歲時，已寫出很多詩作，聲譽日隆。年紀漸長後，他開始在蜀中遊歷，並在戴天山（大匡山）山下的大明寺讀書，還給自己取了個別號「青蓮居士」。

李白二十五歲時，已成了一個很有才華的人，他會作詩、寫文，亦會騎馬、擊劍，還愛彈琴、唱歌。他為人爽直、熱情，而且喜愛結交朋友。

當時，唐玄宗在泰山舉行封禪大典，又把宮內的

「樂仙殿」改名為「集賢殿」，表示他求賢若渴的心意。李白聽到消息後，便決心離開故鄉，到外面的世界去闖蕩一番，施展自己的才能和抱負。

他坐着船，沿着長江一路往下遊覽，經過了三峽、登上了廬山……。沿途山明水秀，令他詩興大發，創作了很多著名詩歌。例如《峨眉山月歌》：

峨眉山月半輪秋，影入平羌江水流。

夜發清溪向三峽，思君不見下渝州。

李白的構思非常巧妙，全詩二十八個字，連用了五個地名——峨眉山、平羌江、清溪、三峽、渝州，而且道出對故鄉依依惜別之情，可見李白駕御文字的功力已達很高的水平。又如《望廬山瀑布》：

日照香爐生紫煙，遙看瀑布挂前川。

飛流直下三千尺，疑是銀河落九天。

這首詩用語顯淺，李白以奇特的想像力，用銀河比喻瀑布，給人疑幻似真的感覺。

他到達揚州時，生了一場病，病中思念故鄉的親人，不覺吟出了《靜夜思》，成了家傳戶誦的名詩：

牀前明月光，疑是地上霜，

舉頭望明月，低頭思故鄉。

離開揚州後，他到了襄陽南邊的峴山，訪尋詩人孟浩然的莊園，並在此住了一段日子。其後，他到了安州首府安陽，結識了前朝宰相許圉師的兒子許員外，並暫時住在他的家中。許員外很欣賞他，並招他為婿。李白娶了許員外的女兒為妻，兩口子常常談論讀書心得，生活過得很幸福、快樂。

過了一段日子，李白乘船到江夏遊覽。過了不久，孟浩然路過江夏，兩人相聚於黃鶴樓，飲酒論詩。孟浩然離開時，李白在黃鶴樓為他餞行，還寫了《送孟浩然之廣陵》一詩：

故人西辭黃鶴樓，煙花三月下揚州。

孤帆遠影碧空盡，唯見長江天際流。

李白將送別時目睹的細節，傳神地表現出來，刻劃了依依惜別之情。

不久，李白又回到安陽。一邊寫詩、交友，一邊等待機會，為國效力。

有一天，他送朋友到四川去，沿途風景令他詩興大發，寫下了傳世之作《蜀道難》。在詩中，他三次

以「蜀道之難，難於上青天」的詩句，藉蜀道的艱難，道出了仕途失意，抒發心中的憤慨。

在安陽閒居的日子，李白寫下很多作品，《行路難》是代表作之一。

行路難！行路難！多歧路，今安在？長風破浪會有時，直掛雲帆濟滄海！

他在詩中感歎世途的艱辛，並寄託了對未來的希望。

在這段期間，他幾次求官，希望報効國家，可惜都失敗。這時候，他寫出了千古傳誦的《將進酒》：

君不見黃河之水天上來，奔流到海不復回？君不見高堂明鏡悲白髮，朝如青絲暮成雪？

人生得意須盡歡，莫使金樽空對月。天生我才必有用，千金散盡還復來。……

在詩的開頭四句，李白以誇張的手法，突顯了黃河的雄壯與人生的短暫。他自信「天生我材必有用」，亦深信自己為國效忠的心願，總有實現的一天。這首詩寫得氣勢磅礴，表現了他豪放的性格，亦將他的詩才表露無遺。

供奉翰林

公元742年，天下太平，唐玄宗改元天寶。當時，李白已四十二歲，這年秋天，玄宗突然下詔，召李白進京。在長安城內，他在紫極宮（玄元廟）蹓到了知名詩人賀知章。李白立刻上前拜見：

「賀老，幸會！幸會！沒想過會在這裏見到你。」而且立即呈上袖中的詩稿。

賀知章當時已八十五歲，但身體還很好。他很欣賞《蜀道難》，認為這樣的作品，不是凡人能寫得出來的，於是便笑着稱讚李白，説：「你是天上下凡的仙人吧？」因此，後人便稱李白為「詩仙」。

不久，玄宗在金鑾殿召見李白，親自相迎。李白對聖上及朝中大臣的問話，都對答如流。玄宗大為讚賞，封他為翰林學士，每有宴請或郊遊，玄宗便命李白當侍從，李白常常奉旨草擬文書，或寫一些應景詩文。李白因文才出眾，得到玄宗寵愛，有些同僚十分羨慕他，但也招來一些人的嫉恨。

李白感激皇上的器重，希望有一天在政治上能大

展所長，但卻苦無機會。為了排遣心中的苦悶，他便經常借酒銷愁。

　　有一次，皇上陪同貴妃楊玉環在梨園教坊看歌女排演《霓裳羽衣曲》，覺得曲子不美，便召李白前來填寫新詞。李白當時正在酒樓中喝得醉醺醺，對派來的人說：「不去，不去，我……我的酒還沒喝夠呢！」

　　派來的人眼見李白醉得實在厲害了，便把他抬回去見玄宗。李白酒醉心不醉，借機戲弄宦官高力士，他搖搖晃晃地說：「臣，臣走得累了，想……脫靴子，讓雙腳舒服些，這樣才……才寫得好！」

玄宗一聽，就說：「沒問題啊！只要能寫出好詞，脫就脫吧！」

李白把腳一伸，朝向高力士：「你，你……給我脫靴！」

高力士氣壞了，但玄宗都批准了，他只好忍氣吞聲，裝得恭恭敬敬的，給李白脫靴子。

李白心情大好，他提起筆來，不消一刻，就寫了三首《清平調》。玄宗和貴妃一看，滿意極了，馬上就叫人譜曲演唱。

高力士懷恨在心，在楊貴妃面前挑撥離間，指李白在詩中，把她與漢朝的趙飛燕相比，借「可憐飛燕倚新妝」幾句詩來諷刺、貶低她。楊貴妃很生氣，於是常常在玄宗面前說李白壞話，令玄宗逐漸疏遠李白。結果，不到兩年，李白就黯然離開了長安。

李杜情誼

李白離開長安後，又開始了他漫遊四方的生活。他來到了東都洛陽，剛好，詩人杜甫也住在這裏。當

時杜甫三十三歲，比李白小十一歲，兩人一見如故，十分談得來。不久，李白離開洛陽，臨別時，杜甫還寫了一首《贈李白》，記下他們的友誼，並相約在梁宋（今河南開封、商丘）見面。

秋天到了，他們在梁宋見面，已像老朋友一樣。當地名勝古跡很多，他們一邊遊山玩水、一邊寫詩抒懷。在這裏，他們還遇到詩人高適，三人結伴同行，暢談天下大勢，評文論詩，過了一段無拘無束的日子。

秋冬之際，李白和杜甫又一次分手。第二年秋天，他們在東魯第三次見面，彼此情同手足，親密無間，就如杜甫在詩中描述「醉眠秋同被，攜手日同行」的情景一樣。

這年冬天，李白和杜甫——這兩位偉大的詩人，最後在石門山（今山東曲阜）分手。臨別時，李白揮淚寫下了「何時石門路，重有金樽開？」的詩句。自此之後，他們雖然仍深切地懷念對方，但再也沒有見面的機會。

戰亂生活

　　李白和杜甫分別後，先到越中一帶遊覽。他去越中前，曾到東魯探望了兩個孩兒，寫下了流傳千古的名作《夢遊天姥吟留別》。在詩的結尾，說出了自己的心聲：「安能摧眉折腰事權貴，使我不得開心顏！」他一定不會事奉那些當權者，使自己感到不開心。

　　李白在越中漫遊了幾年，便離開了。他在安徽涇川（今安徽涇縣）時，收到了汪倫的邀請，到他家作客，逗留了幾天。李白離開時，汪倫親自送到江邊送行，李白便寫了《贈汪倫》，表達了感激之情：

　　李白乘舟將欲行，忽聞岸上踏歌聲。

　　桃花潭水深千尺，不及汪倫送我情。

　　李白五十五歲時，「安史之亂」終於爆發，李白逃到廬山隱居。當時洛陽、長安相繼失守，唐玄宗被迫南逃。至馬嵬驛時，太子李亨策動兵變。李亨在靈武即位，是為肅宗。

　　其後，李白做了永王李璘的幕僚，寫了十一首

題為《永王東巡歌》的詩，歌頌李璘，表示要輔助永王，平定叛亂，收復長安，為國立功。肅宗派兵南下攻打李璘，永王被殺，李白也成了囚犯，被流放到夜郎（今貴州桐梓縣一帶）。

李白沿着長江，經江夏、過三峽，向夜郎進發。走了差不多一年，終於來到奉節（今四川奉節）。突然有一天，喜從天降，朝廷因關中大旱，宣布大赦，李白終於獲得了自由。

他趕到奉節的白帝城，順着長江，催船東下，寫出了著名的《早發白帝城》：

朝辭白帝彩雲間，千里江陵一日還。

兩岸猿聲啼不住，輕舟已過萬重山。

詩人歷盡艱險，如今重出生天，在詩中流露出輕鬆喜悅的心情。

與世長辭

李白到江夏後，逗留了一陣子，生活十分窮困。結果，六十歲出頭的李白返回金陵，由於沒有親人在

這裏，於是他決定到當塗縣，投靠當塗縣令——他的族叔李陽冰，兩人志趣相同，相處得很投契。

不久，李白病倒了，在病榻上將手稿交給了李陽冰，請他作序，並編個集子留給後世。李白的病一天比一天重。有一天，他掙扎起牀，提出寫詩的要求：

「我覺得精神好多了，請拿筆墨來，我要寫詩。」

李白接過筆後，便一揮而就，寫下他生平最後的一首詩——《臨終歌》：

大鵬飛兮振八裔，中天摧兮力不濟。

餘風激兮萬世，遊扶桑掛右袂。

後人得之傳此，仲尼亡兮誰為出涕！

大鵬在高空展翅，到處遨遊，飛到半空，翅膀摧折，無力翱翔。他的餘風仍然可以激勵萬世……。孔子已死，如今有誰會為大鵬的摧落而流淚呢？李白在詩中，以大鵬自比，寫出自己壯志難酬的命運。

李白寫完詩後，在牀上躺下，又再一次囑託李陽冰為他編詩集。

幾天後，李白終於與世長辭，終年六十二歲。

就在這一年，代宗李豫即位，詔命李白為左拾遺，可惜李白早已離開人間。

李白逝世後，李陽冰將他留下的詩文編成了《草堂集》十卷，序中道出「當時著述，十喪其九」，原來《草堂集》只收錄了李白大約十分之一的作品。遺憾的是《草堂集》也沒流傳下來，《李太白全集》只收錄了李白九百多首詩和一些文章，比《草堂集》更少。

悲天憫人的杜甫

　　杜甫（公元712年－770年）——唐代詩人。他的詩歌以反映社會現實為主，詩風沉鬱頓挫，作品水平極高，後人尊稱他為「詩聖」。

杜甫一生都在顛沛流離之中，安祿山作亂便是他厄運的開始。他以忠實的筆調，記錄唐代由盛而衰的重大變遷，因而得到「詩史」的稱號。他一生漂泊、命運坎坷，卻一直憂國憂民、為民請命，他的詩作，從思想內容，以至藝術技巧，都表現超卓，故有「詩聖」之稱。

讀書時期

　　杜甫生在「奉儒守官」並有文學傳統的家庭。祖籍襄陽（今湖北省襄樊市），後來遷到鞏縣（今河南省鞏義市）。他的父親杜閑是奉天縣縣令，祖父杜審言則是初唐文壇的著名詩人。詩書世家的背景，一直令他感到很自豪。由於幼年喪母，杜甫小時候就跟隨姑姑住在洛陽城，他自幼好學，七歲已能作詩。

　　杜甫在七歲那年，有一天，父親教他背誦古代的賦，其中有「鳳凰」的名字。

　　杜甫早就聽說過鳳凰鳥，但從來沒見過，於是抬起頭來問父親：「鳳凰鳥是什麼樣子的？」

父親告訴他：「這種鳥是古代傳説中的鳥王，雄為鳳，雌為凰。牠的頭像雞，頸如蛇，頷似燕，背如龜，尾如魚。這種鳥生性高潔，不會與一般的鳥兒走在一起。」

杜甫聽了，就對父親説：「有志的人也應該像鳳凰一樣，對不對？」

父親撫摸着他的頭，高興地説：「對，對！」

「那我就作一首鳳凰詩吧。」杜甫説。

父親驚喜地睜大眼睛説：「好！唸出來給我聽聽。」

杜甫高聲地吟誦起來。他在詩中把鳳凰歌頌一番，最後抒發懷抱，表明心志──做人一定要做一個出類拔萃的人。父親聽了非常高興，從此就更加用心栽培他了。

九歲時，杜甫已常寫詩，還經常把自己的詩作給大人們看。到了十四、五歲，當地詩人聚會的時候，就一定有杜甫在場。當時在長安，唐玄宗弟弟岐王的家，是個名人雅集之地，詩人、藝術家、學者常常濟濟一堂。杜甫曾在那裏結識了許多名士，而且欣賞了

著名歌唱家李龜年的演出。

漫遊歲月

　　杜甫二十歲時，開始離家漫遊，歷時十餘年，增長了很多見識。第一次漫遊是在江南一帶。五年後，他回到洛陽參加科舉考試，落第後，杜甫再漫遊山東、河北一帶，前後六年。就在此時，他作了《望嶽》一詩，以「會當凌絕頂，一覽眾山小」，讚美了泰山氣勢雄象，同時表現了自己的凌雲壯志。三十歲時，他又回到洛陽，在首陽山下建房子，與司農少卿楊怡之女結婚。

　　三十三歲那年，杜甫就在洛陽與李白相遇，兩人相見恨晚，二人到處遊覽，訪道尋友，談詩論文，結下深厚的友誼。第二年，杜甫西往長安，而李白準備重游江東，他們在石門山（今山東曲阜）分手，從此就再沒見面。

　　杜甫曾先後寫了十一首詩思念或酬贈李白，其中以《飲中八仙歌》最為生動有趣，是杜甫初到長安

時所作。「李白斗酒詩百篇，長安市上酒家眠，天子呼來不上船，自稱臣是酒中仙。」李白喜歡喝酒，酒醉之後，往往眠於酒家，即使天子召見，也不肯上船。在杜甫的筆下，李白被塑造成一個豪放不羈、傲視王侯的詩人。

定居長安

到了三十五歲，杜甫懷「致君堯舜上，再使風俗醇」的遠大理想，來到長安參加科舉考試。由於奸相李林甫破壞，參加考試的士子全部落選。他窮得無以維生，只好在長安市上賣藥。其後，杜甫進「三大禮賦」，得到玄宗的賞識，但僅得「參列選序」資格，列入等候分配官職的名單。

在等候期間，杜甫暫時回到洛陽探親，途中目睹政府徵兵所造成的民間疾苦，寫出流傳千古的作品《兵車行》。

詩一開首便展現了軍車隊伍出征時的情形：「車轔轔，馬蕭蕭，行人弓箭各在腰。」戰車隆

隆地響過，戰馬不停地嘶鳴；出征的士兵，都把弓箭佩掛了在腰上，他寫的場面真實，語言亦流暢。接着寫出軍隊開拔時送行的悲慘場面：「爺娘妻子走相送，塵埃不見咸陽橋。牽衣頓足攔道哭，哭聲直上干雲霄。」透過聽覺和視覺，表現了當時老百姓妻離子散的悲劇，令人觸目驚心。篇末的「君不見青海頭，古來白骨無人收。新鬼煩怨舊鬼哭，天陰雨濕聲啾啾！」征戰沙場的士兵，大多有去無回，更是令人心酸。

　　由於長安久雨成災，弄到米價暴漲。杜甫在四十三歲時，便攜帶家眷往奉先（陝西蒲城縣）暫時

居住，不久自行返回長安。由於一直受到李林甫的阻撓，未能獲得一官半職。直至四十四歲時，才得到右衛率府兵曹參軍一職，負責看守兵甲器杖，管理門禁鑰鎖。他為了生計，無奈接受了這個低微的職位。不多久，他由長安往奉先探望家人。誰知，一入門口，即聞痛哭悲泣的聲音，原來是他的小兒子餓死了。

杜甫傷心欲絕，於是就把困居長安十年的感受和沿途見聞，寫成《自京赴奉先縣詠懷五百字》。詩中千古傳誦的名句「朱門酒肉臭，路有凍死骨」，形象地揭示出貧富懸殊的社會現實，在「幼子飢已卒」的情況下，他仍「默思失業徒，因念遠戍卒」。他默默地想念那些流離失所的人，更掛念着駐守邊疆的士兵。這首詩反映了人民的苦難，揭露了統治者的荒淫腐敗，是一首著名的長篇史詩。

顛沛流離

就在這個時候，安史之亂爆發，安祿山的叛軍攻陷長安，當時杜甫正回家探親，他立即攜帶家眷，

逃至鄜州（今陝西富縣）羌村避難。聽說肅宗即位靈武，他於是隻身北上，想去投奔肅宗，途中不幸為叛軍俘虜，並押往長安。他被囚禁於長安時，望月思家，創作《月夜》一詩：

今夜鄜州月，閨中只獨看。

遙憐小兒女，未解憶長安。

香霧雲鬟濕，清輝玉臂寒。

何時倚虛幌，雙照淚痕乾。

杜甫借助想像，將相思之情化為具體的生活圖景，設想妻子望月懷念自己，又以兒女未解母親憶長安之意，襯托出妻子之苦況，她望月懷人、痴立良久，濃霧沾濕了鬢髮，手臂冰冷，進而盼望夫妻聚首相倚，共看明月。透過詩歌，杜甫期望戰爭早日結束，一家可早日團聚。

身處淪陷區的杜甫，目睹了長安城的殘破以及叛軍的殘暴，百感交集，便寫下了《春望》這首不朽名篇：

國破山河在，城春草木深。

感時花濺淚，恨別鳥驚心。

烽火連三月，家書抵萬金。

白頭搔更短，渾欲不勝簪。

這首詩的前四句寫春日長安淒慘破敗的景象，視野從滿城草木到花鳥，飽含興衰的感慨；後四句寫自己思念親人的境況，充滿淒苦的哀思。其中「烽火連三月，家書抵萬金」，道出了人們在同類境遇中的共同感受，成為千古傳誦的名句。

第二年，杜甫千辛萬苦找到逃脫的機會，前往靈武投奔肅宗；他的忠心深深感動了皇帝，獲任命為左拾遺。可是，杜甫很快就因為上疏營救宰相房琯，觸怒肅宗，肅宗於是命他離開鳳翔回家探親。

杜甫返回鄜州途中，創作了長篇敘事詩《北征》，主要敘述路上見聞及歸家後的感受，描述安史之亂中民生凋敝、國家混亂的情景，並抒寫了自己對時事的看法。

詩中刻劃了家中妻子、兒女的苦況：「經年至茅屋，妻子衣百結。慟哭松聲回，悲泉共幽咽。平生所嬌兒，顏色白勝雪。見爺背面啼，垢膩腳不襪。牀前兩小女，補綴才過膝。」可謂一字一

淚，感人至深。

不久，杜甫被貶華州司功參軍。他回洛陽後，再返回華州，途經新安、石壕、潼關，正值郭子儀六十萬大軍潰敗，目睹朝廷大肆抓捕兵丁以補充軍力，杜甫就沿途所見所感，寫成著名的組詩「三吏」——《新安吏》、《潼關吏》、《石壕吏》，以及「三別」——《新婚別》、《垂老別》、《無家別》。

七月，因為關中大饑荒，杜甫棄官去秦州（今甘肅天水），開始了「**支離東北風塵際，漂泊西南天地間**」的人生苦旅。在漂泊的旅途中，杜甫全家飽嘗艱辛，幾乎陷於絕境。

西南漂泊

長安收復後，杜甫跟隨肅宗回到京城。年屆四十八歲的杜甫辭官，與家人搬到四川成都。他在浣花溪畔搭建茅屋居住，名為「草堂」。在草堂居住的日子，生活相對安定，杜甫創作了兩百多首詩，包括《蜀相》、《茅屋為秋風所破歌》等名篇。

杜甫在《蜀相》中借遊覽古跡，表達了對諸葛亮的稱頌，並道出了惋惜之情「出師未捷身先死，長使英雄淚滿襟」。

　　《茅屋為秋風所破歌》是一首歌行體古詩，敍述杜甫的茅屋，遭受到狂風猛雨無情襲擊的痛苦經歷，抒發了自己內心的感慨，體現了憂國憂民的思想。詩末「安得廣廈千萬間，大庇天下寒士俱歡顏，風雨不動安如山！嗚呼！何時眼前突兀見此屋，吾廬獨破受凍死亦足！」道出自己欲以「吾廬獨破」為代價，期望「廣廈千萬間」的出現，讓「天下寒士」都得到庇蔭，縱使自己受凍而死也心甘情願。這首詩正正反映了杜甫悲天憫人的情懷。

　　太平的日子並不長久。兩年半後，蜀中軍閥混戰，杜甫再一次流亡。在亂事平定之後，杜甫返回成都，他的好友嚴武舉薦他當劍南節度參謀、檢校工部員外郎，因此杜甫又有「杜工部」的別稱。這時，杜甫已五十三歲，他寫出了傳誦後世的《登樓》：

　　花近高樓傷客心，萬方多難此登臨。
　　錦江春色來天地，玉壘浮雲變古今。

北極朝廷終不改，西山寇盜莫相侵。

可憐後主還祠廟，日暮聊為梁甫吟。

　　這首詩作於公元764年，雖然在春天時，安史之亂已平定了，收復了河南河北。可是到秋天時吐蕃又攻陷了長安，這時皇帝出逃、朝臣投降，年底吐蕃又再陷劍南、西山諸州。詩中的「西山寇盜」就是吐蕃，而「萬方多難」，一方面指出吐蕃的入侵，同時也指朝廷日益衰敗、宦官專權、藩鎮割據的局面。

　　嚴武死後，杜甫離開成都，乘舟東下，至雲安暫居養病。在這裏，他寫出了名作《旅夜書懷》：

　　細草微風岸，危檣獨夜舟。

　　星垂平野闊，月湧大江流。

　　名豈文章著，官應老病休，

　　飄飄何所似，天地一沙鷗。

　　詩的前半首描寫「旅夜」的情景。第一、二句寫近景：「微風吹拂着江岸上的細草，豎着高高桅杆的小船，在月夜孤獨地停泊着。」第三、四句寫遠景：「星空低垂，原野顯得格外廣闊；月亮倒映，隨水流湧。」詩的後半首則是「書懷」。第五、六句説：

「我有點名聲，哪裏是因為文章寫得好呢？無一官半職，應該是因為我年紀既老而且多病。」最後兩句說：「我飄然一身，像什麼呢？大抵就像廣闊天地間的一只沙鷗罷了。」在這首詩中，杜甫借景抒情，描劃出自己孤苦伶仃的形象，讀之令人黯然下淚。

隨後，杜甫南下到了夔州，在這裏居住了接近兩年，寫詩甚多，如《秋興八首》、《詠懷古跡五首》、《登高》等，大部分都屬傳世之作。

《秋興八首》中的八首詩是不可分割的整體，正如一首大型抒情樂曲有八個樂章一樣。這組詩，融合了夔州蕭條的秋色，淒清的秋聲，杜甫暮年多病的苦況，關心國家命運的深情，體現了晚年杜甫的思想感情和藝術成就。

《詠懷古跡五首》是杜甫遊江陵、歸州一帶，訪庾信故居、宋玉宅、昭君村、蜀主廟及武侯祠而寫成的一系列作品。他目睹古跡，緬懷庾信、宋玉、王昭君、劉備、諸葛亮等古人，全詩一氣呵成，可視為一組詩，亦可獨立欣賞。對於五位古人的命運和遭遇，他表達了深切的同情，同時也寄寓了自己仕途失意、

身世流離的感慨。

《登高》被譽為「七律之冠」，是杜甫藝術水準極高之作。當時安史之亂已經結束四年了，但地方軍閥又乘時而起，互相爭奪地盤。杜甫因為得到夔州當地都督的照顧，在這裏居住了三年。在這段時間，他的生活依然很困苦，身體也非常衰弱。

這首詩的前半部分寫景，後半部分抒情。首聯「風急天高猿嘯哀，渚清沙白鳥飛回。」刻畫眼前的具體景物，有如畫家的工筆細描，從視覺到聽覺，一一表現出來。次聯「無邊落木蕭蕭下，不盡長江滾滾來。」渲染整個秋天氣氛，有如畫家的寫意，讓讀者自行想像補充。三聯「萬里悲秋常作客，百年多病獨登台。」從縱（時間）和橫（空間）兩方面落墨，由異鄉的飄泊寫到多病的殘生。四聯「艱難苦恨繁霜鬢，潦倒新停濁酒杯。」又從白髮日多，護病斷飲，歸結到時世艱難，寫出潦倒不堪的景況。憂國傷時的情懷，在詩中表露無遺。

最後，杜甫攜同家眷離開夔州，漂泊於岳州、潭州、衡州一帶，在兩湖之間浮家泛宅，居無定所。在

潭州（今湖南長沙），杜甫遇到了歌唱家李龜年。

　　杜甫立刻走上前去，説：「龜年兄，沒想過會在這裏見到你。」

　　李龜年驚喜地睜大眼睛：「啊！杜兄，杜兄……

我做夢也想不到，竟然會在這裏見到你。」

杜甫聽了，感慨地説：「想當年，在長安的時候，我在岐王府裏經常能見到你，在崔滌的家中，亦曾多次聽到你的歌聲。」

李龜年説：「唉！今非昔比，時勢改變了很多。」

杜甫説：「自從長安別後，我們已多年未見。想不到，來到風景秀麗的江南，在這個落花時節，竟然跟你再次相逢。」

李龜年説：「我流落江南之後，偶然遇上良辰美景，也會為人唱幾首歌。座上賓客聽到了，大家都忍不住掩面悲泣。」

杜甫感到很唏噓，回到家裏，立即揮筆直書，寫出他臨終前的壓卷之作《江南逢李龜年》：

岐王宅裏尋常見，崔九堂前幾度聞。

正是江南好風景，落花時節又逢君。

就在這一年，一代詩人在湘江的船上得病，不久便去世，終年五十九歲。

多才多藝的蘇軾

蘇軾（公元1037年－1101年）——宋代著名文學家。他在詩、詞、賦、散文方面的成就均極高，且擅長書法和繪畫，是罕見的全才。

詞開始於中晚唐，定型於五代，盛於宋。詞是一種新的詩歌體裁，無論在主題和語言上，都有所創新。蘇軾在文學上最大的貢獻是詞，他擴大了詞的內容，以時事、山水、史跡等作為題材。他一生歷盡坎坷，卻始終保持着曠達樂觀的心境，寫下無數傑作，對後世影響極為深遠。

少年得志 名重一時

　　蘇軾是四川眉州（今四川省眉山市）人，出生於一個文學氣息極為濃厚的家庭。他與父親蘇洵，弟弟蘇轍並稱為「三蘇」。「軾」原指車前的扶手，父親為他改名為「軾」，卻別有深意，寄寓了對他的期望——雖然默默無聞，但能扶危救困，不可缺少。

　　蘇軾十九歲時娶王弗為妻。王弗的父親王方，是一位鄉貢進士，頗有聲望。他的家鄉有一著名奇景，山壁下有一自然魚池，遇到遊人拍手，魚即相聚跳躍而出。王方想為此奇景命名，便公開徵求，對外宣報：

「此池至今仍未有名，請各位青年才子為它取名。誰人賜名，若被選中，我願將女兒嫁給他。」眾人躍躍欲試。

年青的蘇軾說：「喚魚池，喚魚池……，豈不生動可愛？就叫『喚魚池』吧！」

王方說：「果然雅致！」

王弗說：「啊！喚魚池！居然和我取的一樣……」

就這樣，喚魚池的名字被選中，而蘇軾也被選為女婿。

王弗冰雪聰明、善解人意，蘇軾也才情橫溢，夫妻兩人情投意合，恩愛甜蜜，過着幸福美好的生活。

蘇軾二十歲時，就跟着蘇洵父親和弟弟蘇轍，離開四川，到京師應試。

蘇軾趕到考場，卻誤了時辰。

考官說：「時辰已過，三年後再來吧！」

蘇軾說：「學生途中遇上風浪，所以才遲到……大人，請給個機會吧！」

考官說：「我出個對子，你若對上，就給你一個

機會。」

蘇軾説：「好！請大人出題。」

考官説：「一葉小舟，載着二三位考生，走了四五六日水路，七顛八倒到九江，十分來遲。」

考官以為他知難而退。豈料，蘇軾迅速作出回應：

「十年寒窗，讀了九八卷詩書，趕過七六五個考場，四番三往到二門，一定要進。」

考官大吃一驚，説：「這……這不可能，你竟然全對上了，既有情景，也有過程，曲折而不呆板……」

結果，蘇軾順利進入考場，與弟弟蘇轍同榜中進士。當時的主考官就是文壇領袖歐陽修。蘇軾所宗的《刑賞忠厚之至論》獲得歐陽修的賞識，卻因為歐陽修誤認為這是弟子曾鞏所作，為了避嫌，使蘇軾只得第二名。

從此，蘇軾順利地開始了他的當官生涯。在歐陽修一再稱讚下，蘇軾聲名大噪。他每有新作，立刻就

會傳遍京師。

　　話說當日蘇洵帶領蘇軾、蘇轍前往京師應考時，曾在澠池一寺院住過，兄弟兩人曾在壁上題詩。其後隔了六年，蘇軾往鳳翔任官，蘇轍送他至鄭州後，便返回京城，知道他途中會經過澠池，於是寫了一首詩《懷澠池寄子瞻兄》寄給他，蘇軾也寫了《和子由澠池懷舊》回應，這首作品非常有名，而且詩句經常被後人引用。

　　在詩的上半首：「人生到處知何似，應似飛鴻踏雪泥。泥上偶然留指爪，鴻飛那復計東西。」，蘇軾慨歎人生就像飛鴻般，偶然停留在雪泥上，在泥上留下了爪印，而這隻飛鴻後來飛到哪裏去了，又有誰知道呢？

　　「雪泥鴻爪」比喻人們無意中留下的蹤跡，就如飛鴻在雪地上踏出的爪印一樣。這首詩好像蘇軾後半生的預言，他長期處於「雪泥」的坎坷考驗中，卻留下了的鴻爪──詩詞、文章給後世的讀者！

反對新法　謫守密州

　　王弗是個賢內助，她隨蘇軾住在京師時，每有客人到訪，總是躲在屏風後面，靜聽蘇軾與客人的談話，然後提出自己的意見，供丈夫參考。可惜，好景不長，他們結婚十一年後，王弗在二十七歲時，就因病離世，令蘇軾非常傷心。

　　北宋神宗時，遼與西夏常常進侵中原。蘇軾想到邊疆建功立業，但因反對新法與新任宰相王安石政見不合，被貶為密州（今山東諸城）太守。他初到密州，鬱鬱不得志，夢見了死去的妻子王弗。醒後，他寫下了千古第一悼亡詞《江城子·記夢》：

　　十年生死兩茫茫，不思量，自難忘。千里孤墳，無處話淒涼。縱使相逢應不識，塵滿面，鬢如霜。

　　夜來幽夢忽還鄉，小軒窗，正梳妝。相顧無言，唯有淚千行。料得年年腸斷處，明月夜，短松岡。

　　蘇軾通過記夢來抒寫對亡妻真摯的愛情和深沉的

思念。這首詞無論是寫景、記事、抒情，都以白描取勝，尤其是結尾「明月夜，短松岡」兩句，化景物為情思，讀來餘味無窮。

蘇軾雖然被貶官，但他在密州時，勤政愛民，很快就將這個地方治理得很好。

蘇軾四十七歲時，與弟弟蘇轍已有七年未能團聚。就在那年的中秋，正值明月當空，月色如水銀瀉地，蘇軾乘着酒興，揮筆寫下了流傳至今的名作《水調歌頭》：

明月幾時有，把酒問青天。不知天上宮闕，今夕是何年。我欲乘風歸去，又恐瓊樓玉宇，高處不勝寒。起舞弄清影，何似在人間？

轉朱閣，低綺戶，照無眠。不應有恨，何事長向別時圓？人有悲歡離合，月有陰晴圓缺，此事古難全。但願人長久，千里共嬋娟。

這首詞圍繞着中秋明月，展開想像和思考，運用生動具體形象，描繪出孤高曠遠的境界，在月的陰晴圓缺當中，滲進濃厚的哲學意味，表現出蘇軾熱愛生活與積極向上的樂觀精神。

烏台詩案　被貶黃州

　　過了兩年，蘇軾又被調往湖州（今浙江吳興）為官。三個月後，有人誣告蘇軾寫「反詩」嘲弄朝廷，譏諷皇上和丞相。他被捲進著名的「烏台詩案」（烏台，即禦史台，因其上植柏樹，終年棲息烏鴉，故稱烏台）。

　　蘇軾被抓進御史台受審，一關就是四個月，每天被迫交代罪行，飽受壓力。蘇軾自知難逃死罪，便寫下絕命詩兩首《獄中寄子由》，託人交給弟弟蘇轍。其中一首末四句説：「是處青山可埋骨，他年夜雨獨傷神。與君世世為兄弟，又結來生未了因。」這首詩洋溢着手足之情，讀後教人感到十分唏噓。

　　當時，許多朝廷元老紛紛上書為他求情，連主張變法的政敵王安石，也力勸皇帝不要殺他。結果，蘇軾得到從輕發落，貶為「黃州團練副使」。

　　這個職位相當低微，並無實權，蘇軾到任後，心情鬱悶，趁着空閒，便到處尋幽訪勝。蘇軾曾多次到黃州城外的赤壁遊覽，寫出《赤壁賦》、《後赤壁

賦》等名作。一日，他又來到了赤壁，想到幾百年前這裏英雄豪傑雲集，便寫下了傳誦千古的《念奴嬌·赤壁懷古》：

大江東去，浪淘盡，千古風流人物。故壘西邊，人道是，三國周郎赤壁。亂石穿空，驚濤拍岸，捲起千堆雪。江山如畫，一時多少豪傑！

遙想公瑾當年，小喬初嫁了，雄姿英發，羽扇綸巾，談笑間，檣櫓灰飛煙滅。故國神遊，多情應笑我，早生華髮。人生如夢，一樽還酹江月。

這首詞的上闋寫景，下闋抒情。上闋描繪了波濤洶湧、浪花怒捲、宏大壯麗的長江形象；下闋追懷三國赤壁之戰，緬懷周瑜建功立業、席捲曹軍的形象，藉此作出對比，突顯自己的年邁體衰，雖心懷報國之志，可惜卻仕途崎嶇，借古人古事抒發自己的感慨。

蘇軾貶居黃州期間，在城東的一塊山坡上建造居所，取名為「雪堂」，工餘時便帶領家人到這裏開荒種田，幫補生計，並自號為「東坡居士」。當時，蘇軾的月俸很少，只有四千五百錢。他擔心入不敷支，

於是就把薪水分為三十串掛在屋樑上，每天取一串下來作為日用開支。若有剩餘，便用一個竹筒貯存起來，以備招待客人的特別支出。

蘇軾雖然清貧，但很懂得生活情趣，將生活中的瑣事處理得井井有條，他對管家理財、烹飪飲食等都頗有研究。蘇軾常常親自燒菜，與友人品嚐，他的烹調，以紅燒肉最為拿手。他曾作《豬肉頌》，寫出「黃州好豬肉，價賤如泥土。貴者不肯吃，貧者不解煮」的詩句，還介紹他的烹調秘訣是「慢着火，少着水，待他自熟莫催他，火候足時他自美。」

蘇軾居住在黃州第三年的春天，有一天他與朋友出遊，忽然遇上風雨，朋友感到很狼狽，他卻處之泰然，緩步慢行，回來寫下《定風波》一詞：

莫聽穿林打葉聲，何妨吟嘯且徐行。竹杖芒鞋輕勝馬，誰怕？一蓑煙雨任平生。

料峭春風吹酒醒，微冷，山頭斜照卻相迎。回首向來蕭瑟處，歸去，也無風雨也無晴。

蘇軾借雨中瀟灑慢行的舉動，表現了身處逆境、

屢遭挫折，依然無畏無懼
的曠達胸懷。

築建蘇堤
流落儋州

　　神宗駕崩後，蘇軾
被召返回朝廷，但他容
忍不了朝中大臣互相傾
軋，再要求外調，到杭州
當太守。在這裏，他主持
了一項重大的水利建設工
程——疏導西湖，並用挖
出的泥土在西湖中築了一
道堤壩——「蘇堤」。
「蘇堤春曉」正是著名的
西湖十景之一。

　　當時，老百姓聽説
他喜歡吃紅燒肉，到了春

節，便不約而同地給他送豬肉，以表示自己的心意。蘇東坡收到那麼多的豬肉，就叫家人把肉切成方塊塊，用他的方法烹調，連酒一起，按照民工名冊分送到每家每戶。家人誤會「連酒一起送」是「連酒一起燒」，結果弄出來的紅燒肉，入口更加香酥味美。農曆除夕夜，民間家家戶戶都製作「東坡肉」，用來表示對他的懷念之情，現在已成為杭州一道傳統名菜。

在杭州時，面對風景秀麗的西湖，他寫下著名的《飲湖上初晴後雨》：

水光瀲灩晴方好，山色空濛雨亦奇。

欲把西湖比西子，淡妝濃抹總相宜。

這首詩語意淺明，讚美西湖不論在晴天雨天，風景都極為奇美，末二句將西湖動人的景致與西施淡妝濃抹的美態相提並論，極其貼切生動。

蘇軾在杭州過得很寫意，自比唐代的白居易。其後，他又被召回朝，職位曾高至禮部尚書。可是，不久之後，他又數次被貶，還遠至惠州。在惠州，他自寬自解，道出「日啖荔枝三百顆，不辭長作嶺南人。」——如果每天可吃三百顆荔枝，他願意永遠

都做個嶺南人。

在惠州的生活雖然辛苦，但蘇軾以苦為樂，還寫出「報道先生春睡美，道人輕打五更鐘。」（《縱筆》）這樣輕鬆俏皮的詩句。詩句傳到京城，宰相章惇是蘇軾的政敵，聽後更為怒恨，他氣惱蘇軾在逆境中也能這麼逍遙自在，於是將六十二歲的蘇軾再貶到儋州（今南海儋縣）去。

蘇軾的紅顏知己朝雲，在惠州時已離開了人間，他只好孤身帶着幼子乘船離開惠州，來到儋州。章惇還特別下了一道命令，不准他在官舍居住。蘇軾只得棲身茅屋，過着「日啖薯芋」的生活。蘇軾在儋州，寫信給友人程天侔，道及自己正處於「食無肉，病無藥，居無室，出無友，冬無炭，夏無寒泉」的困境。

親友都擔心蘇軾年紀老邁，難以生活，但他仍然保持樂觀的心態，把儋州當成了自己的第二故鄉——「我本儋耳氏，寄生西蜀州」。他在這裏辦學堂，興學風，許多人不遠千里而來，追隨蘇軾學習。在儋州時，蘇軾曾作《觀棋》一詩，寫下「勝固欣然，

敗亦可喜」的名句。蘇軾視人生如棋局，不計較榮辱、得失，面對人生的挫折，仍保持樂觀、平靜的心態。

　　他在儋州度過了生命的最後幾年，直到六十六歲時遇赦北歸，卻死在途中。病逝前兩個月，蘇軾遊覽金山寺，李公麟所畫的東坡畫像仍然掛在寺裏。蘇軾目睹這幅畫像，心裏百感交集，寫出了《自題金山畫像》一詩：

　　心如已灰之木，身如不繫之舟，

　　試問平生功業，黃州惠州儋州。

　　曠達灑脱的蘇軾，以幽默的口吻，在詩中道盡自己坎坷的一生。

才華超卓的李清照

李清照（公元1084年－1155年）——宋代女詞人，中國古代文學史上少有的女作家。她才華橫溢，詩、詞、文都很擅長，以詞的藝術成就最為突出。

女詞人李清照，可說是北宋詞壇的殿軍。她的詞細膩婉約，亦帶有清空靈妙的格調，語言優美清麗，構思新穎精巧，風格自成一家，作品被稱為「易安體」，一直深受推崇，從南宋開始，便不斷有人學習和模仿。

秉承家學 才華過人

李清照是齊州章丘明水鎮（今山東省濟南章丘）人，出生於一個充滿文化氣息的家庭。父親李格非進士出身，學識淵博，尤其善於經學，在齊、魯一帶享負盛名，官至禮部員外郎；母親王氏出身名門，知書善文，是狀元王拱宸的孫女，亦很有文學修養。

父母都是愛好文學藝術的人，家中藏書非常豐富，李清照自幼便生活在文學氛圍十分濃厚的家庭裏，從小便接受良好的教育，她聰慧穎悟，才華過人，善寫詩文、亦精於音律。

少年時的李清照，隨着父親在汴京生活，京都的繁華景象，優雅的生活環境，激發了她的創作熱情。

年紀輕輕，便寫出了為後世傳誦的名作《如夢令》：

昨夜雨疏風驟，濃睡不消殘酒。試問捲簾人，卻道海棠依舊。知否，知否？應是綠肥紅瘦。

這篇小令，只有短短六句，卻好像一幅圖畫，而且還有對話——

李清照問：「一夜驟雨，海棠花怎麼樣了？」

「小姐，海棠花依然和昨天一樣。」捲簾的侍女回應。

「你可知道？你可知道？這個時節，應該是綠葉比昨天繁茂，紅花比昨天少了。」李清照說。

這首詞一面世，便轟動了整個京師，大家都擊節讚賞。

李清照讀了著名的《讀中興頌碑》詩後，在十七歲時，便寫出了《浯溪中興頌詩和張文潛》兩首，令人拍案叫絕。詩中總結了唐代「安史之亂」的歷史教訓，告誡宋朝統治者「夏商有鑒當深戒，簡策汗青今具在」，以一個初涉世事的少女來說，她的真知卓見，實在教人刮目相看。這兩首詩反映了她對歷史深刻的反思，對國家前途的關心，亦顯露出她驚人的才華。

志同道合 琴瑟和絃

　　李清照在十八歲時，與吏部侍郎趙挺之的幼子趙明誠結婚。趙明誠比她年長三歲，是個太學生。婚後兩年，趙明誠做了官，夫婦二人仍然過着儉樸的生活，致力搜尋金石古籍，不是一起研究鐘鼎碑石，便是吟詩作詞。夫妻兩人志趣相投，感情非常融洽。

　　婚後不久，丈夫遠遊未歸。轉眼，已是重陽節，所謂每逢佳節倍思親，李清照深深思念着遠方的丈夫，便寫了《醉花陰》這首詞寄給趙明誠。

　　薄霧濃雲愁永晝，瑞腦消金獸。

　　佳節又重陽，玉枕紗廚，半夜涼初透。

　　東籬把酒黃昏後，有暗香盈袖。

　　莫道不銷魂，簾捲西風，人比黃花瘦。

　　李清照在詞中，描述重陽節把酒賞菊的情景，烘托出一種淒涼寂寞的氣氛，表達了自己思念丈夫的孤獨與寂寞的心情。詞中「人比黃花瘦」，用黃花（菊花）比喻人的憔悴，以消瘦暗示相思之苦，令人印象深刻，是千古傳誦的名句。

趙明誠收到了妻子的作品後，再三讚歎，忍不住衝口而出：

「夫人這首詞，寫得實在太精彩了！」

為了與妻子比試，他閉門謝客，鋪紙磨墨，廢寢忘餐，三日三夜後，終於寫出十五首詞。剛好友人陸德夫到訪，趙明誠將李清照那首作品也夾雜其中，然後請他評論。

陸德夫一看之後，說：「天啊！我從沒讀過這麼好的詞。這三句，堪稱天下第一。」

趙明誠追問：「究竟是哪三句呢？」

「正是『莫道不銷魂，簾捲西風，人比黃花瘦。』！」陸德夫回答說。

由此可見，李清照在詞方面的創作，才華超卓，遠遠勝過丈夫趙明誠。

在這個階段，李清照的生活比較安定優悠，她寫的詞，大多反映她的閨中生活，題材離不開自然風光和離別相思。例如《如夢令》描寫出遊所見的景色：

常記溪亭日暮，沉醉不知歸路。興盡晚回舟，誤入藕花深處。爭渡，爭渡，驚起一灘鷗鷺。

李清照描寫自己經常出遊溪亭，興盡而歸，卻迷了路，她乘舟誤進入藕花池的深處。拼命地划船想找路，卻驚起了一灘的鷗鷺，寫來清新自然。

又如《一剪梅》中的「一種相思，兩處閒愁。此情無計可消除，才下眉頭，卻上心頭」，道出了無法排遣的相思、離愁，剛從皺起的眉間消失，又隱隱纏繞上心頭，是寫情的名句。

可惜好景不長，朝廷內部的新舊黨爭把李家捲進去，李格非被罷官。趙挺之去世後，趙家亦受政敵蔡

京誣陷，趙挺之被追奪官職，趙明誠弟兄也被免職，於是，李清照隨丈夫回到青州的趙氏故居，專心研究學問。

到第二年，李清照將他們的居處命名為「歸來堂」，並自號「易安居士」。在這裏，他們雖然失掉了昔日京師的優裕生活，但卻得到了鄉居平靜安寧的生活樂趣，度過了一段美好和諧的日子。

青州古城是古代齊國的中心，是古老的文物之邦。在青州生活時，他們節衣縮食，四出訪尋古碑文物、金石古籍，把所有金錢用來購買書畫、文物，經常入不敷支。在李清照的協助下，趙明誠開始編寫《金石錄》。

除了讀書、寫作和研究學問，他們也喜歡玩「翻書賭茶」的遊戲。兩人通常在吃完飯之後，便泡一壺茶，各斟一杯，放在茶几上，然後輪流問對方問題：

「這個典故，出現在哪本書哪一卷？第幾頁第幾行？」

誰答對了，就可以喝茶。李清照天生記憶力很好，常常獲勝。她雖然猜中了，卻經常被丈夫惹得舉

杯大笑，把茶不小心潑在衣襟上，反而喝不到一口好茶。

李清照三十八歲時，趙明誠重新出來當官，先後出任萊州、淄州的知州。這段時期，李清照夫婦繼續搜集、鑒賞和考訂古物文獻，以及編寫《金石錄》的工作。

顛沛流離　飄泊淒苦

幸福的日子並不長久。至金兵南下，圍攻汴京；北宋滅亡後，高宗趙構即位於南京，開始了南宋的歷史。

李清照要逃到南方避難。家中的婢女勸她：「夫人，這些書籍不能當飯吃，也不能當被蓋。不如多帶點金錢吧！」

李清照搖頭歎息，悲痛地說：「唉！這些書籍文物，全都是明誠和我多年來的心血啊！我怎能輕易捨棄呢？」

無論如何不捨，都無法帶走歷年來的收藏。青州

故居的書冊珍藏，後來全都在戰火中變成灰燼。一再篩選後，李清照把最珍愛的裝滿十五車。

金兵不時南侵，其後，夫婦二人離開南京，沿着長江向江西方向逃亡，不久行至烏江鎮，傳說這是項羽自刎而死的地方。她寫下了轟動一時的名作《夏日絕句》：

生當作人傑，死亦為鬼雄。

至今思項羽，不肯過江東。

李清照懷着國家滅亡的悲痛，對朝廷深表不滿。憤慨之餘，借項羽當年垓下戰敗，在烏江江邊自刎而死，不肯回到江東的事，諷刺南宋政府的苟且偷安。這首詩在當時的社會，引起了巨大反響。

不久，趙明誠獲任命為湖州知州，在前往南京途中病倒。李清照趕到時，趙明誠已經病危，不久便逝世，李清照淚如雨下，哭得肝腸寸斷。

「夫人，請節哀！」婢女苦苦相勸。

「我能做的，只有完成明誠生前的遺志……」李清照哭着説。

她悲痛地斂葬了丈夫，寫下令人心酸的悼文。巨

大的打擊，加上逃難的勞頓，令她大病一場。

　　此時，金兵再度大舉南侵，南京已不安全，朝廷也要疏散、逃亡，情況非常危急。李清照派人將兩萬卷書、兩千卷金石刻送往洪州，打算投靠趙明誠的妹夫。不料，金兵在那一年的冬天，攻陷了洪州，她辛苦運去的書籍文物在戰亂中，被焚掠一空，化為烏有。她只餘下少量的書畫、幾箱書籍和十多件古董。

　　當時，有人謠傳李清照夫婦曾將玉壺獻給金人。為了避開政治迫害，她決定把家中所有文物進獻朝廷。她追隨高宗逃難的路線而行，可是一直未能面見皇帝。在顛沛流離中，她留下來的東西，又散失了一大半。

　　她流落越州（今浙江紹興）時，在一戶姓鍾的人家借住。她把剩下的書畫古卷藏在牀下，親自保管。誰知有人挖開牆壁，把東西偷走。李清照只好懸出重賞，希望把失物取回，但只買回極少數量。

　　在漫天烽火中，孤獨無依的李清照繼續在各地漂泊。當李清照到達臨安(今日杭州)時，由於丈夫趙明誠早已不在人間，文物亦幾乎散失淨盡。在孤獨無依

之中，她再嫁張汝舟。張汝舟婚後發現李清照身邊已無多少財物，便大失所望，不斷責罵她，還對她拳打腳踢。張汝舟的野蠻行徑，使李清照難以容忍。她更發現張汝舟營私舞弊、騙取官職的罪行，於是便報官告發張汝舟，並要求離婚。李清照雖被獲准離婚，但宋代法律規定，妻告夫要判處三年徒刑。因此，她亦身陷獄中，幸而得到親友大力營救，關押九日後便獲得釋放。

兩年後，李清照完成了《金石錄後序》的寫作。在臨安逗留了不久，金人又南侵，她到金華避亂，寫成《打馬圖經》並《序》，又作《打馬賦》。這些作品，都與時事息息相關。她借談論博弈之事，引用大量有關戰馬的典故，讚揚了桓溫、謝安等忠臣良將的智勇，暗中諷刺南宋統治者的庸碌無能，抒發了個人的感慨，期望有朝一日，國家能收復失地。

在金華期間，她聽說雙溪的景色不錯，於是她就去那裏划划船、散散心，而且寫下了著名的《武陵春》一詞：

風住塵香花已盡，日晚倦梳頭。物是人非事

事休，欲語淚先流。

　　聞說雙溪春尚好，也擬泛輕舟。只恐雙溪舴艋舟，載不動許多愁。

　　這首詞寫出了「物是人非事事休」的感慨，在她的筆下，人還沒有開口說話，就淚如雨下，滿腹的憂愁，恐怕雙溪那艘單薄的小舟，也載不動啊！

　　第二年，她回到臨安。晚年的李清照，境況極為淒涼，她飽受亡國之恨，喪夫之哀，可謂歷盡磨難。在深秋落葉黃花中，她創作了一生的代表作《聲聲慢》：

　　尋尋覓覓，冷冷清清，淒淒慘慘戚戚。乍暖還寒時候，最難將息。三盃兩盞淡酒，怎敵他晚來風急！雁過也，正傷心，卻是舊時相識。

　　滿地黃花堆積。憔悴損，如今有誰堪摘？守著窗兒，獨自怎生得黑！梧桐更兼細雨，到黃昏，點點滴滴。這次第，怎一箇愁字了得！

　　李清照寫詞的功力深厚，開首一連十四個疊字，具體地抒寫了她孤獨寂寞的心情；下文「點點滴滴」亦呼應前文，表現了憂鬱的情緒，以及不安的心

境。全詞一字一淚，寫來哀婉淒苦，感人至深。

　　大約在六十歲時，李清照終於將趙明誠的遺作《金石錄》完成了校勘整理的工作，上書獻給朝廷。十多年後，李清照就在極度孤苦、淒涼的處境中，離開了人間。

文學奇才曹雪芹

曹雪芹（約公元1715年－1764年）——是清代的小說家，被譽為中國文學史上的奇才。他創作了小說《紅樓夢》，藝術成就極高。

中國文學的發展，到了明清兩代，可以小說和戲曲為代表。清代着名的小說《紅樓夢》，是古典小説創作的高峯。曹雪芹寫出了這部長篇巨著，書中塑造了眾多具有典型性格的人物形象，描繪了一幅廣闊偉大的社會生活圖。《紅樓夢》在內容、思想，以及藝術技巧，都是成就極高的作品。

出身豪門貴公子

曹雪芹生於南京，出身貴族家庭。他的曾祖父曹璽曾任江寧織造，織造是專給皇家辦理絲染服裝和其他生活用品的差使，雖然官階不高，卻是一個有錢有勢的要職。祖父曹寅少年時代，曾伴着康熙一起讀書，自曹璽去世後，便接任江寧織造，並兼任兩淮巡鹽監察御使，極受皇帝寵信。

曹家的顯赫，與康熙的南巡有密切的關係。康熙六次到江南巡視，其中四次由曹家接待，而且「以織造府為行宮」，就住在曹府。

曹寅病死後，其子曹顒、曹頫先後繼任江寧織

造。他們祖孫三代四人擔任此職，長達六十年之久，財產越來越多，成為當時南京第一豪門。

曹寅少有才名，文學造詣甚高，而且還出版了詩詞集，可謂家學淵深。曹雪芹自小就厭惡八股文，不喜歡讀四書五經。幸而曹府家中藏書極多，曹雪芹可以博覽羣書，他特別愛讀詩賦、戲文、小說之類的文學書籍。曹雪芹自幼便熟讀祖父的詩詞，而且還常常引用，改頭換面地寫進《紅樓夢》中。

曹雪芹早年，就生活在這樣的一個環境中，過着公子哥兒般的生活，讀書、寫字、彈琴、下棋、作畫、吟詩，過着極為優悠自在的生活。

為了好好接待皇帝，曹府家裏養着水準極高的戲班及廚子，曹氏一家平日也可欣賞到極優秀的戲曲演出，享用到最高級的飲食。不過，最重要的還是曹家的後花園。這座花園坐落於曹府的西邊，稱為西花園。據説與《紅樓夢》一書中所寫的「大觀園」，有很多相同的地方。

自祖父曹寅去世之後，曹家的黃金時代便成過去。由於得到了康熙皇帝的特別眷顧，他們一家照樣

住在曾為皇帝行宮的江寧織造署中。不過曹家的人也知道，他們雖然外表風光，但骨子裏已逐漸枯敗下來，只剩下一個空架子。

家道中落酒常賒

　　至雍正繼位後，形勢便大為改變，曹家捲入一宗有關經濟的案子，雍正皇帝下令抄家，曹頫亦被革

職。這時，曹雪芹十歲了，已開始懂事，他隨着全家遷回北京老家居住。從此曹家一蹶不振，家道日漸衰落。

雍正末期，曹雪芹逐漸長大成人，開始挑起家庭重擔。至乾隆初年，因為屬於皇室內親，他當了內務府的宮廷侍衛，掛空名領官俸，出入於宮廷，辦公不多，有時陪同王公貴人遊覽圓明園、宗盛寺等山水名勝。

由於曹雪芹博學多才，後來又在「右翼宗學」（滿族子弟學校）裏當教師。他在宗學時曾經組織過一個詩社，和青年們研究寫詩。《紅樓夢》裏提及的「海棠詩社」，就是以這個詩社作為藍本的。當時在宗學裏求學的敦敏、敦誠兄弟和曹雪芹志趣相投，成為至交好友。

在宗學裏，頗多迂腐的儒生，那些人既妒嫉曹雪芹的才華，也輕視他年輕，總是與他作對。後來，他終於忍受不了他們的排擠，便憤而辭職。

這時，在京城裏生活不易，曹雪芹便從北京移居到西郊的香山一帶居住。曹雪芹的祖屋已殘破不堪，他又沒能力修葺，全家只好住在破舊的房子裏。由於沒有了經濟來源，曹雪芹的生活更加潦倒，有時只能煮點薄粥充飢，甚至要借債度日，靠親友的接濟過日子。

曹雪芹到西郊後，結交了一位好友，名叫張宜泉。他教私塾為生，喜歡吟詩喝酒，為人孤獨，個性偏激，與曹雪芹頗多相似之處，兩人極為投契，時常在香山散步、聊天。在張宜泉的詩稿中，就有七首詩專門寫他與曹雪芹的往來。

曹雪芹天生傲骨，為人又放任不羈，性喜高談闊論，說起話來，妙趣橫生，面對同情他的人，往往盡吐心聲。他喜歡作詩，也愛喝酒，又善於繪畫，更愛描畫象徵堅硬頑強的石頭，靠賣畫來維持日常生活，有時賣得錢多一點，就買酒來喝，喝了酒又繼續畫畫。

可惜，後來曹雪芹的詩、文全都散失了，畫作一幅也沒留下來，只有兩句殘詩，記錄在敦誠的筆記裏。

好朋友當中，敦敏、敦誠兄弟對曹雪芹十分關顧。敦誠到關外工作的時候，經常惦念着他。有一次，還禁不住寫了一首懷念的詩，附了十幾兩銀子，特地差人送回來給他，以詩句「勸君莫彈食客鋏，勸君莫叩富兒門。殘杯冷炙有德色，不如著書黃葉村。」來勉勵他繼續寫書。

當時，曹雪芹的生活已陷入困境，看了這首詩很感動。有這樣的朋友，在他如此貧困的日子裏，還鼓勵他創作，實在非常難得。

後來，有一次，曹雪芹在城中和敦誠相遇。

曹雪芹高聲説：「敦誠兄，敦誠兄，沒想過竟在這裏遇見你。」

敦誠立刻迎上前去，説：「啊！雪芹兄，雪芹兄……很久沒見了。別來無恙吧？」

曹雪芹聽了，感慨地説：「唉！還不是老樣子。今日天氣冷極了，寒風刺骨，實在很想喝酒。可惜，沒錢……」

敦誠説：「噢！真不巧，我身上也沒帶銀兩。不過，我隨身帶了一把佩刀……」

曹雪芹説：「佩刀？」

敦誠説：：「對！我可以馬上拿佩刀去典當，將錢拿來換酒喝。」

曹雪芹説：「好極了！那麼，我們就可以痛痛快快，大喝一場了。」

曹雪芹心中大為暢快，馬上寫了一首詩歌來表示謝意，敦誠後來也寫了《佩刀質酒歌》作答。

十年辛苦不尋常

在這樣的境況下，曹雪芹開始了小説《紅樓夢》的創作。因為常沒錢買紙，他只好把舊皇曆拆開，把書頁反過來釘裝成本子，在皇曆的背面書寫。

曹雪芹為人豪放曠達，興趣廣泛，對詩書、繪畫、醫學、金石、園林、工藝，以至編織、烹調等，均有所研究，加上他個人的經歷——從家財萬貫的貴族之家，墜落至社會的低下階層，家庭的衰敗，使曹

雪芹飽嘗了人生的辛酸，深切地體會到世道的無情，突如其來的變故，更令他深刻地認識到現實社會的醜惡，促使他寫出了《紅樓夢》。

《紅樓夢》以主角賈寶玉、林黛玉的愛情悲劇為主線，以金陵的四大貴族從興盛到衰落的歷史為暗線，鋪展了一幅逼真細膩的生活畫卷——政治的黑暗、官場的腐敗、世途的險惡、人情的淡薄……

在《紅樓夢》第四回中，展示了當時在官場流行的一首歌謠《護官符》：

賈不假，白玉為堂金作馬。

阿房宮，三百里，住不下金陵一個史。

東海缺少白玉牀，龍王來請金陵王。

豐年好大雪，珍珠如土金如鐵。

這首歌謠告訴我們，南京有四大家族——賈、史、王、薛，聲勢顯赫、財權通天。賈家是皇親國戚，史、王兩家是當地的大官僚，而「雪」則與「薛」同音，指的是大財主薛家。這四大豪門雄財勢大、橫行霸道、互相勾結。如果當官的得罪了他們，不但烏紗不保，恐怕連性命也保不住。

《紅樓夢》寫出了四大貴族中父子、兄弟、妻妾、主僕之間複雜的人事糾紛、矛盾衝突，還有種種的黑暗與醜惡。對於被壓迫者的命運，曹雪芹都寄予深切的同情。

　　書中的主角賈寶玉，是賈家寄予厚望的繼承人，他的表妹林黛玉，是寄居在榮國府的弱女子。兩人雖然出身不同，但他們都跟這個傳統的大家庭格格不入，命運把他們牽引在一起，發展出一段感人的愛情故事。結果，黛玉生了一場大病，離開了人世；寶玉對現實徹底失望，亦離家出走了。最後，這個外表堂皇華麗的貴族大家庭，也終於崩潰了。

　　曹雪芹在創作小說的過程中，雖然受到家人反對，認為他不好好讀四書五經，應付科舉考試，已是有違家風；竟然去寫不登大雅之堂的小說，更是沒出息，甚至荒唐。可是，他居住在西郊十年，生活清貧，卻仍能堅持下去，斷斷續續地創作他的《紅樓夢》。曹雪芹也想過，將來完成之後，讀者能否理解他的深意。為了抒發感受，他寫了一首作品，作為小說的標題詩：「滿紙荒唐言，一把辛酸淚。都云

作者癡，誰解其中味。」

　　可是，當曹雪芹剛寫完八十回時，他的幼子患上麻疹，不幸遇上庸醫，因用藥有誤，結果而夭折了。過度的哀傷，令曹雪芹生了一場病，卻無錢求醫，病情惡化起來，就在這一年的除夕，他離開了人間。

　　曹雪芹去世後，《紅樓夢》以手抄本的形式，在京城的讀書人中間流傳開來，不少人對它愛不釋手，百讀不厭，甚至有「開談不說《紅樓夢》，讀盡詩書是枉然」之說。

　　這部小說之所以感人至深，主要是由於曹雪芹直接取材於社會的現實生活，作品「如實描寫，並無諱飾」。在曹雪芹的筆下的人物，如聰明靈秀

的寶玉、孤高自賞的黛玉、豪爽瀟灑的湘雲、潑辣詼諧的鳳姐……，每個人都性格鮮明，既有優點又有缺點，各自散發出不同魅力。讀了這部小說的人，無不被它深深的吸引和打動。

由於曹雪芹生前，只寫了八十回，全書沒有完成，他便離世了，於是，後來有個文學家高鶚，續寫了後四十回，這就是我們現在看到的版本——一百二十回的《紅樓夢》。續寫的四十回，在人物的描寫方面，從性格到思想行為都有所偏差，最終交代的結局，亦似乎與曹雪芹原來的構思有所不同，在藝

術成就上，遠遠不及前八十回。

　　從《紅樓夢》一書中，可以看到曹雪芹對各門學問，包括詩畫……印染、雕飾、風箏、建築等，幾乎無不精通。其實，除了創作小說，曹雪芹也很喜歡紮作風箏，還寫了一本《南鷂北鳶考工志》。

　　關於這本書，也有一則動人的故事。曹雪芹有一位好朋友于景廉，當兵時受了腳傷，成了瘸子，生計艱難。有一年，年關將至的時候，于景廉登門求助。

　　于景廉面帶愁容，說：「雪芹兄，家中三天揭不開鍋，孩子已經三天沒飯吃了，餓得哭哭啼啼的。我，我實在捱不下去了……」

　　曹雪芹聽了，同情地說：「唉！景廉，你我相交多年，你準知道，我也好不了多少，家裏窮得只能煮點稀粥吃。」

　　于景廉感慨地說：「朱門酒肉臭，路有凍死骨！京城的公子哥兒，買一隻風箏的錢，已足夠我們一家過好幾個月的生活了。」

　　曹雪芹搶着說：「風箏！我一向喜歡紮作風箏，不如紮幾個給你，你就拿回京城去賣，看看怎樣，可

好？」

于景廉連忙説：「雪芹兄，好極了！謝謝你。」

于景廉離開曹家的時侯，帶走幾個風箏。到除夕那天，于景廉牽着驢子，滿載時蔬酒肉前來道謝。原來曹雪芹紮作的風箏，早已被人以高價搶購一空，足以讓于景廉過個肥年了。

曹雪芹於是靈機一觸，將自己紮作風箏的手藝寫成書稿，將以往流傳和自己創製的風箏繪成圖譜，並編成通俗易懂的歌訣，講解風箏的製作方法。通過這本書，期望讓殘疾窮困的朋友，可以學到一技之長，紮作風箏，自食其力。

曹雪芹一生最大的成就，當然是創作了《紅樓夢》。時至今日，《紅樓夢》已成為家喻戶曉的經典作品，它被翻譯成二十多種語言文字，在海外有崇高的聲譽，而且受到中外學術界極度重視。對於這本古典小説的研究和考證，逐漸形成了一門專門的學問，就叫做「紅學」。此外，過去的戲曲、彈詞，以至當代的電影、電視，不少都改編自《紅樓夢》，可見這部傳世之作，對中國文化影響的深遠。

文學戰將魯迅

魯迅（公元1881年－1936年）——是中國近代文學家。他以文學創作為武器，既解剖了歷史，又批判了中國社會的醜惡現象，可說是近代文學史上的一員猛將。

新文學運動產生於「五四運動」*之後，提倡以語體寫作詩歌、小說、散文和戲劇。在小說方面，最有成就者，首推魯迅。他的作品，揭露黑暗的現實，諷刺人間的陰冷，文筆犀利、思想深刻，喚醒了無數的中國人，為「新文學」奠定了基礎。

少年時代 從小康到困頓

魯迅原名周樹人，是浙江省紹興府會稽縣（今紹興市）人。他生於書香世家，家中有四、五十畝水田，生計無憂。少年時的魯迅，在三味書屋讀書。童年的百草園、咸亨酒店，以及外婆家鄉一帶的農村等地，給予魯迅十分深刻的印象，也成為他日後創作的泉源。

十三歲那年，祖父周福清因科場作弊案下獄，官

---

* 「五四運動」發生於 1919 年 5 月 4 日的北京，是一場以青年學生為主，並包括一般市民、工商人士等廣大群眾共同參與的愛國運動。事件始於第一次世界大戰結束後，在巴黎和會中，列強把德國在山東的權益轉讓給日本。當時北洋政府未能捍衛國家利益，為了表達對政府極度的不滿，中國人民以「外爭國權（對抗列強侵權），內除國賊（懲除媚日官員）」為口號，通過示威遊行、請願、罷工等多種形式進行抗爭。

府趁機敲詐勒索，父親周伯宜被取消鄉試資格，而且從此病倒。當時，他們一家躲到鄉下避難。到了鄉下之後，他結交了不少新朋友，其中有像「少年閏土」那樣單純的孩子。他們一起玩耍，一起划船去看戲，一起吃地裏偷來的豆子。這段快樂的日子，成為魯迅難以忘懷的回憶。

由於父親長期患病，家道開始衰落，魯迅經常要到當舖去典質衣物首飾，替父親買藥。少年的魯迅，開始體會到人情冷暖，世態炎涼。他在十六歲時，父親病逝，家境更加艱苦。

「有誰從小康人家而墜入困頓的麼，我以為在這途路中，大概可以看見世人的真面目。」多年後，魯迅寫下他的心底話。

魯迅十八歲時，帶着母親籌集的八塊銀元，離開家鄉到南京去投考無需繳交學費的學校。這年的五月，魯迅考入江南水師學堂，不久，他感到該校「烏煙瘴氣」，於是決心離開，他在十月，考進江南陸師學堂新設立的礦務鐵路學堂，主修礦務。

在此期間，他愛讀新思想的書，尤其是外國翻譯

小説。他接觸了嚴復譯述的《天演論》(赫胥黎著)，並自號「戎馬書生」。他認識到現實世界並不是和諧完美的，而是充滿了激烈的競爭。要生存，就要學會發展和獨立，這樣的思想，成為他日後堅持民族獨立自主的根源。

赴日求學 棄醫從文

二十二歲那年，魯迅從礦路學堂畢業，他以優異成績，贏得官費，被派往日本留學，他先進入東京弘文學院補習日語和科學知識。在這裏，他經常跟友人討論改造中國國民性的問題。

魯迅在二十四歲時，入讀仙台醫學專門學校（現在是東北大學醫學部)，立志救死扶傷，希望走上醫學救國的道路。他積極地學習醫學，取得不錯的成績。第二年的秋天，正值日俄戰爭爆發，學校放映一部時事短片，令他改變了習醫的決心。他在《吶喊》的〈自序〉寫道：

我竟在畫片上忽然會見我久違的許多中國人

了，一個綁在中間，許多站在左右，一樣是強壯的體格，而顯出麻木的神情。據解說，被綁着的是替俄國做了軍事上的偵探，正要被日軍砍下頭顱來示眾，而圍着的便是來賞鑒這示眾的盛舉的人們。

看短片的外國同學發出陣陣的歡呼聲。可是，魯迅深受刺激，他感到憤怒、悲痛、屈辱。

這段畫面令魯迅作出了重大決定，他認為病態的靈魂更加需要拯救：

自從那一回以後，我便覺得醫學並非一件緊要事，凡是愚弱的國民，即使體格如何健全，如何茁壯，也只能做毫無意義的示眾的材料和看客，病死多少是不必以為不幸的。

他想，拯救人們的身體不如改變人們的精神面貌。於是，魯迅決心棄醫從文，他毅然退學，走上了文學創作的道路。

當時魯迅二十五歲，他從日本回國後，不久便返回東京，開始從事文藝活動，並加入光復會，並與二弟周作人一起翻譯外國小說。

回到中國 從沉默到吶喊

在日本生活了幾年，魯迅告別日本，返回中國謀生，主要是因為家境困難，母親和弟弟需要供養。他先在浙江杭州兩級師範學堂講課，並兼任動植物課的日文翻譯。到第二年的下半年，他回到故鄉紹興，擔任紹興府中學堂監學兼生理衛生課教員。

1911年十月十日，辛亥革命爆發。紹興光復後，魯迅被任命為山會師範學堂校長。這年冬天，他創作了第一篇文言小說《懷舊》。這篇作品刻劃了封建勢力在革命到來時的種種醜態，顯示了魯迅卓越的諷刺才能。

第二年一月，中華民國臨時政府在南京成立，魯迅應教育總長蔡元培的邀請，前往南京任教育部部員。臨時政府北遷後，魯迅亦隨教育部遷往北京。

眼見袁世凱稱帝、張勳復辟，在「五四」運動前夕，魯迅感到了極度的失望和痛苦，他開始研究佛學經典，搜集、研究金石拓片，以及輯錄、校勘古籍。

1918年五月，魯迅應留日時期的老朋友——錢

玄同之約，在《新青年》雜誌上，首次以「魯迅」為筆名，發表了白話短篇小說《狂人日記》。這是一篇日記體小說，作品通過「狂人」的自述，揭示了封建家族制度和禮教的「吃人」本質。在小說的最後，狂人絕望地發出了呼喊：「沒有吃過人的孩子，或者還有？救救孩子……」

魯迅筆觸犀利，思想深刻，以「表現的深切和格式的特別」，在中國文學發展史上揭開了新的一頁。「救救孩子」成了魯迅的名言，直到今天，仍不時被人引用。

其後，他發表中篇小說《阿Q正傳》，生動地塑

造了「阿Q」這個人物形象。小說中的主人公阿Q，是舊社會中的小人物，替未莊的趙太爺做短工，平日常遭欺凌。他自尊心很重，每次遭遇到不幸的事，都會找些似是而非的理由來安慰自己，用「精神勝利法」來使自己獲得感情上的平衡。今時今日，仍有人用「阿Q精神」來形容那些逃避現實的人，他們認為自己是勝利者，別人都是失敗的。

其後，魯迅在北京出版《吶喊》，其中包括《狂人日記》和《阿Q正傳》。

接着的兩年，魯迅寫了二十三篇散文詩，收錄在《野草》中。《野草》以抒情為主，「是散文，是詩；既有思想，也有詩的感情和意境，詩的美。」魯迅以艷麗冷峻的語言色彩，富有暗示性的獨特意象，表達了自己內心的苦悶，以及對社會、人生的反思。魯迅曾說過，自己一生的哲學，都在《野草》裏。例如《秋夜》，篇首第一句是：「在我的後園，可以看見牆外有兩株樹，一株是棗樹，還有一株也是棗樹。」開首即以重複的修辭，突現兩株棗樹的傲然兀立，形象十分鮮明。文中抒寫了秋夜的所見所

感，刻畫了棗樹敢於正視現實、敢於反抗惡勢力的精神，還運用環境烘托、正反對比等多種手法，塑造棗樹的形象，既深化了主題，亦增強了作品的思想性。

1926年，北京女子師範大學英文系學生劉和珍，在「三‧一八」慘案中遇害。魯迅發表散文《紀念劉和珍君》，以「不在沉默中爆發，就在沉默中滅亡」的名句，悼念不幸犧牲的學生。

這年的八月，魯迅因支持北京學生的愛國運動，抗議「三‧一八」慘案，被北洋軍閥政府通緝，於是魯迅離開生活了十四年的北京，到廈門大學擔任教授。當時，魯迅對廈門大學的印象甚劣，批評這間大學「中樞是『錢』，繞着這東西的是爭奪、騙取、鬥寵、獻媚、叩頭。」同年底，他辭去廈大一切職務。在這段期間，魯迅出版了短篇小說集《彷徨》和雜文集《華蓋集》等作品。

《彷徨》收錄了十一篇短篇小說，其中包括《祝福》，是魯迅的代表作之一。小說通過描述主角祥林嫂悲劇的一生，表現了對受壓迫婦女的同情，以及揭露了封建思想和禮教的醜惡。

1927年一月，魯迅離開廈門，經香港往廣州中山大學任教。這年的二月中旬，他應邀來港，在香港青年會發表演說，講題分別為《無聲之中國》和《老調子已經唱完》。演講受到香港文學愛好者的熱烈歡迎，對香港新文學運動的發展帶來影響。

上海十年　傾力創作

　　同年九月，魯迅辭去中山大學職務，他由廣州前往上海期間，途經香港，這是他第三次在這裏停留。自十月抵達上海後，他便一直住在上海北區的「半租界」區（今虹口區北部魯迅公園一帶）。從這時開始，魯迅傾盡全力創作，出版的著作很多，包括散文集《朝花夕拾》，雜文集《三閒集》、《二心集》、《集外集》等，還有歷史小説集《故事新編》，以及通訊集《兩地書》等。

　　《朝花夕拾》是一部回憶性散文集，內容主要圍繞魯迅在晚年回憶童年、少年、青年時期的人和事。這本散文集，雖然不是為少年兒童而寫的，卻寫

了不少關於少年兒童的事，其中以《從百草園到三味書屋》最為有趣。在這篇膾炙人口的作品中，魯迅以如詩的筆觸描繪了一個生動有趣的童心世界。在魯迅筆下，百草園是個「樂園」，他採用白描手法，以簡約生動的文字，描繪了一個奇趣無窮的兒童天地，其間穿插「美女蛇」的傳說和冬天「雪地捕鳥」的故事，動靜結合，詳略得當，趣味無窮。三味書屋則是個截然不同的世界，它是「全城中稱為最嚴厲的書塾」，樣子很古老。所謂「三味」，是指經、史、子三類書籍。在文中，魯迅如實地描畫了三味書屋陳腐的一面。在這裏，日常的課程安排得十分刻板，每天就只有讀書，「正午習字，晚上對課」，「對課」是舊時私塾的一種功課，即對「對子」。他讀的書慢慢加多，對課也漸漸地加上字去，「從三言到五言，終於到七言」。書塾設有打人的戒尺，也有罰跪的規矩，雖然不常用，但對兒童來說，總是束縛多多。

　　一直以來，魯迅創作的雜文數量極多，他以雜文為武器，像匕首、投鎗般，深入揭示了當時中國社會各方面的問題。雜文在魯迅創作中佔有極大的比重，

魯迅把他深刻的思想、淵博的知識、豐富的人生體驗，都凝聚在這九百多篇雜文中。他寫的雜文形式靈活多變，筆法風格多樣，有的隱晦曲折，有的幽默詼諧，有的沉鬱嚴峻……

魯迅一直認為自己「與詩無緣」，對於詩是「外行」。他的詩歌作品傳世不多，主要以近體詩為主，但佳句不少。上海時期，是魯迅寫詩爐火純青的時期。《自嘲》是一首七言律詩，寫於1932年。其中「橫眉冷對千夫指，俯首甘為孺子牛」是名句，經常被後人引用。

兩年後，魯迅寫下《無題》詩：

萬家墨面沒蒿萊，敢有歌吟動地哀；

心事浩茫連廣宇，於無聲處聽驚雷！

魯迅寫這首詩時，正值日本侵華，千萬人流離失所，家破人亡，「萬家墨面沒蒿萊」正是當時的寫照。可是，在中國當權者的壓制下，凡主張抗日、批評不抵抗者，都屬有罪，在這種情況下，誰還敢歌吟？但在悄然無聲中，他的心與千千萬萬羣眾是相通的，所以他能夠感受到人民的怒吼，如同聽聞轟雷爆

發，驚天動地之聲滾滾而來。

　　除了創作，魯迅的譯著亦不少，如俄國作家果戈理的長篇小說《死魂靈》，以及《藝術論》等新興文藝理論著作。此外，在上海期間，魯迅提攜扶掖過不少文學青年，包括柔石、蕭軍、蕭紅等人。幼年時，魯迅已喜愛閱讀《山海經》木版畫刻本，自三十年代起，魯迅亦大力提倡木刻版畫，自此開始了中國創作版畫的歷史。

　　1936年十月十九日，魯迅因肺結核，屢醫無效，病逝於上海。當時，上萬名的上海民眾，自發為他舉行公祭、送葬，同時舉行隆重的悼念活動，他的靈柩上覆蓋着寫有「民族魂」的白旗。魯迅本來葬於虹橋萬國公墓，至1956年，魯迅墓才遷往上海虹口公園。

　　魯迅的小說、散文、詩歌、雜文曾被選入中、小學語文課本，他的小說《祝福》、《阿Q正傳》、《藥》等亦先後被改編成電影。魯迅的作品曾被譯成英、法、德、日、俄等五十多種文字，讀者甚多。

中國人的故事
詩人和小説家的才華

作　　者：馮珍今
繪　　圖：鄺美倫
主　　編：張倩儀
責任編輯：甄艷慈、黃婉冰
美術設計：何宙樺
出　　版：新雅文化事業有限公司
　　　　　香港英皇道 499 號北角工業大廈 18 樓
　　　　　電話：(852) 2138 7998
　　　　　傳真：(852) 2597 4003
　　　　　網址：http://www.sunya.com.hk
　　　　　電郵：marketing@sunya.com.hk
發　　行：香港聯合書刊物流有限公司
　　　　　香港新界大埔汀麗路 36 號中華商務印刷大廈 3 字樓
　　　　　電話：(852) 2150 2100
　　　　　傳真：(852) 2407 3062
　　　　　電郵：info@suplogistics.com.hk
印　　刷：中華商務彩色印刷有限公司
　　　　　香港新界大埔汀麗路 36 號
版　　次：二〇一六年六月初版
　　　　　10 9 8 7 6 5 4 3 2 1
版權所有‧不准翻印

ISBN: 978-962-08-0577-0
© 2016 Sun Ya Publications (HK) Ltd.
18/F, North Point Industrial Building, 499 King' s Road, Hong Kong
Published and printed in Hong Kong